段功伟 著

经略蓝海

一位时政记者的职业行思

南方日报出版社
NANFANG DAILY PRESS
中国·广州

图书在版编目（CIP）数据

经略蓝海 ：一位时政记者的职业行思 / 段功伟著. -- 广州 ：南方日报出版社，2010.4
ISBN 978-7-80652-877-8

Ⅰ. ①经… Ⅱ. ①段… Ⅲ. ①中国共产党－党报－新闻工作－文集 Ⅳ. ①G219.23-53

中国版本图书馆 CIP 数据核字(2010)第 055443 号

经略蓝海——一位时政记者的职业行思 段功伟 著

出版发行：南方日报出版社
地　　址：广州市广州大道中 289 号
电　　话：（020）87373998-8502
经　　销：全国新华书店
印　　刷：广州市怡升印刷有限公司
开　　本：787mm×1092mm　1/16
印　　张：12.5
字　　数：180 千字
版　　次：2010 年 4 月第 1 版
印　　次：2010 年 4 月第 1 次印刷
定　　价：32.00 元

投稿热线：（020）87373998-8503　读者热线：（020）87373998-8502

网址：http://www.nanfangdaily.com.cn/press　http://www.southcn.com/ebook

发现印装质量问题，影响阅读，请与承印厂联系调换。

序

□杨兴锋

段功伟同志用“行思”定位这本书，比较准确。他从大学毕业进入南方日报工作起，就让我们认识了一位勤行勤思的记者。

他信奉“脚底出新闻”，跑得很勤，硕果累累。在南方日报，他是一个获奖大户，几乎每年都有作品获奖。2003年抗击非典战役最激烈时，他的报道《非典型肺炎病原是衣原体?》，考验了“南方风骨”。当时，国家疾病预防控制中心宣布找到了非典的病原，是衣原体，并通过新华社、中央电视台等主要媒体发布新闻。但段功伟同志深入采访了广东专家，他们都反对这个结论。他将这个情况告诉了我。报，还是不报？身为总编辑，我很费思量。最后，我们慎重作出决定，如实报道。这样，南方日报发出了全世界媒体中唯一不同的声音。这篇报道持真理，不唯上，不唯书，只唯实，极大鼓舞了广东专家，为战胜非典作出了重要贡献。后来,作品获得中国新闻报道的最高奖——中国新闻奖一等奖。他本人也被广东省委、省政府记二等功，被中宣部和全国记协授予“优秀记者”称号，并先后在人民大会堂和部分省市作巡回事迹报告。

为什么总能获奖，而且能获大奖？段功伟同志申报副高职称时的业务报告《“偶然”获奖与“必然”准备》，可以回答这个问题。作为一名优秀记者，仅靠勤跑是不够的。他的可贵之处，在于勤跑之余，勤于思考，思考同样的题材，怎样做出精彩？思考简单的一条小稿，如何找到刁钻的角度？思考平日繁忙的业务实践，何以实现突破？

特别是2008年成为时政新闻中心主任后，他对业务的思考更系统、更深入。时政报道，在南方日报的业务布局中举足轻重。自2002年启动改版以来，南方日报坚持“高度决定影响力”的办报理念，在党报走市场的路上高歌猛进，各方面都取得了重大突破。但时政报道严肃权威，承担着机关报的许多功能，业务创新非常难。段功伟同志与同事们一道，没有畏难情绪，认真钻研，大胆实践，试图回答一系列重大问题：报道理念与经营手段如何变革，使时政报道成为党报走市场的助推器，而不是阻力？时政报道业务链如何延长，成为党报报道优势到竞争优势的转化器？面对媒体变局，时政报道如何科学谋变，成为党媒产品新增长极的孵化器？

他们的思考与探索取得了初步成果，段功伟同志在这本书中作了部分归纳。对此，我表示祝贺。

诚如书中所言，一般认为，时政报道的创新是党报业务改革最难、最后的环节。时政报道改革的成败，直接关系到党报业务创新的成败，直接关系到党报走市场的成败，从而也直接关系到党报提高舆论引导能力的成败。所以，我们必须千方百计做大做强时政报道，培育激发党报的核心竞争力。那么时政报道究竟该往哪里去？

我想，机关报必须以改革开放立报，以科学发展立报，以此确立我们的报格。同样，我们也要以此为时政报道定位，推动时政报道转型升级。在这一过程中，要处理好五组关系。

一是存量与增量。时政报道要创新，要与现代政治理念和新闻传播规律对接，从而打开增量空间。但是对于业务的存量部分，也就是我们常说的工作报道、主题宣传等等，不仅不能忽略，相反更要用改革创新精神来经营好。用新闻的手段做宣传，只是办法的一种，我们还要探索更多的办法。

二是时效与深度。新闻要有时效性，但不能都是"短、平、快"，还要有具有深读价值的作品。时政报道中有许多题目可以深挖，做成精彩的深度报道。

三是事件与趋势。我们倡导鲜活的事件性新闻，但不能只是孤立、平面、零碎地进行呈现，应该透过事件表面，挖出其背后的原因和意义，揭示其发展趋势，让读者看到事件发生、发展的全貌，从而得到有益的启示。

四是动态与典型。我们要抓动态报道，以新闻取胜，但不能忽略典型报道。通过深入调研写出的典型报道可以促进工作，这是我们党报的优良传统。只不过，我们的典型报道手法要与时俱进，不断创新。

五是国际视野与本土题材。地球现在越来越平，关起门来办报不可能成功。我们要用国际视野指导业务实践，但是不能因此忽略本土题材，要将二者很好地结合起来。

处理好这五组关系，时政报道的转型升级方有可能，我们的差异化特色才可能显现出来。

是为序，也为共勉。

（作者是中华全国新闻工作者协会副主席、南方报业传媒集团管委会主任、南方日报社社长）

600年前，当船队艰难穿过最窄处只有37公里的马六甲海峡，郑和的眼前蓦然展开一望无际的印度洋，“海上丝路”最瑰丽的传奇由此开启。

今天，我们走出传统党报报道的“马六甲海峡”，同样进入一片波澜壮阔的“蓝海”，不由惊叹：我们曾经一直厮杀的新闻战场，原只是一片狭窄因而竞争惨烈的“红海”！

经略政治报道的“蓝海”，将开拓党媒发展新的广阔空间。

目录 CONTENTS

上篇：思

下篇：行

上篇 >>

思

第一章 >>

红海突围：政治报道的迷失

引子：时政记者的困惑

2009年5月，我返武汉大学“回炉”学习，参加面试。其中有一个题目，要我谈谈当时政记者的感受。

这是一个让我百感交集的题目。从业多年，始终与时政为伍，没有人们眼中“官记”的良好感觉，有的却是一身沉重，甚至困惑。

在不少人的眼里，机关报的时政记者出入党政机关，随领导开着大会小会，与那些走街串巷，甚至“潜伏暗访”的报料记者相比，多么体面风光，多么令人艳羡。

■在读者中心主义和新闻专业主义评价体系中，时政记者和时政报道是难以得高分的。

但实际上，一种“认同危机”常常伴随着时政记者。

一方面，在很多读者眼里，时政报道官话连篇，面目可憎，不忍卒读。而在新闻专业主义者眼里，时政记者是“官方”记者，时政报道严格来讲只能算宣传，其新闻品质和专业价值自然不能与“非官方”记者的作品相比。也就是说，在读者中心主义和新闻专业主义评价体系中，时政记者和时政报道是难以得高分的。

另一方面，时政记者不甘心得不到这种认可，心中仍有新闻理想在升腾，于是总想在报道中搞点创新，来点新意，却不一定能让“官方”接受；再加上对材料的占有总有局限性，对领导意图的把握不可能永远到位，结果很可能是报道难以让领导满意。

如何在新闻的标准和宣传的标准间求得平衡，是每一个时政记者必须攻下的难题。

如果说这是时政记者的一种职业困惑，那么这当中也有着深深的体制性烙印。时政报道不改，时政记者的困惑难解。

时政报道的当下迷失

在正式展开之前，还是先厘清一下时政报道与政治报道的概念。

政治报道是一个比较传统的概念，中国的新闻学术系统一直有它的位置。甘惜分主编的《新闻学大辞典》[①]认为“对国家、政党和公民的政治思想、政治会议、政治事件、政治外交及日常政治生活等方面的报道”就是政治报道。而就我目前所掌握的资料，时政报道还没有一个公认的定义。《现代汉语词典》将“时政”定义为“当时的政治情况”[②]。“百度百科”援引金梦玉主编的《专业新闻报道教程》说：时政新闻是关于国家政治生活中新近或正在发生的事实的报道，报道范围主要表现为政党、社会集团、社会势力在处理国家生活和国际关系方面的方针、政策和活动[③]。

■政治报道是一个比较传统的概念，中国的新闻学术系统一直有它的位置。

从这些定义看，时政报道与政治报道大同小异。但目前在具体实践中，存在两种情形。一种是将“时政”视为偏正结构，时政新闻等同于时事政治新闻，主要指关于重要领导的时事要闻，比如有些媒体设置专门的时政报道组，就是专门负责报道重要领导活动的。在这样的情况下，时政报道是政治报道的一个分支。第二种是将“时政”视为并列结构，意即时事和政治。在这样的情况下，政治报道是时政报道的一个分支。事实上，现在不少媒体正是采用这个意思，将时政新闻分为政治新闻、政法新闻、科教卫新闻等，甚至还包括有关社会建设方面的新闻，不过政治新闻始终要在其中占大头。另外，时政报道是一个有中国特色的概念，如果与国际接轨，似乎更多是用政治报道这一概念。本人一直从事一线实践工作，无意穷究二者的学理区别。为了叙述方便，我在书中没有严格区分时政报道和政治报道，或者说采纳了“时政报道≥政治报道”的意思。

■没有时政新闻做脊梁，媒体的腰就硬不起来。

我们说时政报道必须改革，首先是其地位决定的。那么，在党报的业务格局中，时政报道处于什么位置呢？

政治在社会生活中有巨大影响力，时政新闻始终是读者最为关注的焦点。没有时政新闻做脊梁，媒体的腰就硬不起来。不做时政新闻、做不好时政新闻的报刊难以进入主流媒体的行列[④]。甘惜分主编的《新闻学大辞典》也说：政治报道在新闻报道中占有重要地位，曾被称为是“报纸的心脏和灵魂”，最早的报纸主要报道政治新闻[⑤]。

■时政报道曾被“报纸的心脏和灵魂”，最早的报纸主要报道政治新闻。

①《新闻学大辞典》第151页，河南人民出版社，1993年5月第1版。
②《现代汉语辞典》第1236页，商务印书馆，2005年6月第5版。
③ http://baike.baidu.com/view/1244365.htm
④ 单绍武：《时政新闻的服务性探析》，《城市党报研究》，2009年第3期。
⑤《新闻学大辞典》第151页，河南人民出版社，1993年5月第1版。

■“得时政者，得天下”。

事实上，时政报道是党报性质、责任、职能的集中体现。我们常说的“五大建设”（经济建设、政治建设、文化建设、社会建设和党的建设），有三个被时政报道涵括，即政治、社会和党的建设。时政领域始终是新闻必争之地。国家为什么三令五申严管时政类报刊？因为这里是舆论争夺的核心战场。就媒体而言，可以说“得时政者，得天下”。

■“时政报道不突破，我们国家的新闻改革难言成功”。

时政报道严肃、权威，业务创新难度更大。一般认为，时政报道的创新是党报业务改革最难、最后的环节。时政报道改革的成败，直接关系列党报业务创新的成败，直接关系到党报走市场的成败，从而也直接关系到党报提高舆论引导能力的成败。用李良荣教授的话说，“时政报道不突破，我们国家的新闻改革难言成功”①。

可如此重要的时政报道，偏偏仍然存在较多问题。长期以来，面对都市报、晚报等城市日报的挤逼，省级机关报感到压力重重。一些人认为，省级机关报受众认可度不高的重要原因，是大量的工作性报道充斥版面，既影响卖相，又无可读性。由是，产生一种错误观念：时政报道就是工作报道，是阻碍机关报走市场的负担。在这样的观念下，时政记者似乎要为党报今日报相负责，于是难免产生“灰头灰脸”之感。

■在这样的观念下，时政记者似乎要为党报今日报相负责，于是难免产生“灰头灰脸”之感。

时政报道在普通读者中不太受欢迎，客观上是因为这类新闻具有很强的政治性和政策性，“动作”必须庄重、规范，因此受到较多制约。同时，作为我国新闻传媒的“传统节目”，时政报道积累了不少经验，但有些经验在某种程度上又会成为框框，限制记者创造性的发挥。随着时间的推移，时政新闻的问题表现得相当突出，有价值的信息少，套话、空话多，报道手法单一、刻板，等等。读者长期接触此种报道，必然会留下不良印象，进而形成逆反心理，避而远之。②

其实，认真分析这个问题，会发现原因远不止如此。从客观上讲，目前的宣传任务还是比较重。一些上级领导机关和党政部门的要求与时政报道的目标存在差异。这就需要实现新闻与宣传的统一，需要用创新理念来引导说服他们。但这需要一个过程。从主观上讲，在具体的新闻实践中，我们的有些时政记者仍然存在惰性，用新闻的手段做宣传意识不够强，手段不够多，还可能遭遇专业知识的瓶颈。其结果只能是工作化、宣传化的报道充斥版面，影响报

---

① 李良荣2003年12月29日下午在南京师大的演讲：《当前我国新闻改革的三大难题和路径选择》。

② 丁柏铨、李卫红：《论时政新闻的改革创新》，《采写编》，2006年第4期。

纸卖相，影响舆论引导能力，影响党报的竞争力。

于是，“时政报道＝工作宣传”、“政治报道＝政务报道”的观念大行其道。比如，将时政新闻等同于关于领导人活动和会议的刻板报道。领导人级别成了衡量其参加的活动包括参加的会议新闻价值大小的依据。再如，将时政新闻等同于地方党政领导的政绩报道。不可否认，政绩报道一直就是时政新闻的重要组成部分，对此不应一律排斥，然而，一部分地方党政领导要求过量报道自己的政绩甚至到了不惜违背新闻规律的地步，一点不考虑读者感受。第三，将时政新闻等同于党政机关的公文。如会议报道程式化，工作报道像总结，主题先行于事实，事实依附于“宣传口径”，结果是将领导名字罗列一长串，讲话照录一大堆，根本没有信息量。①

■以“大时政”的方向引领时政报道改革

凡此种种，都是时政报道的当下迷失，都在扼杀时政报道的生机活力，在吞噬时政报道的发展空间。

南方日报从2002年开始了党报走市场的改革，以“高度决定影响力”的创新理念，对新闻生产包括时政报道进行了大刀阔斧的全方位改造。特别是以“大时政”的方向引领时政报道改革②，成效卓然，引起国内同行关注。我入行不久，即有幸碰上这场改革，参与其中，收获颇丰。在参与接待前来考察的国内多家兄弟报纸中，感受尤其深刻。大家的困惑，都比较集中在领导活动报道和会议报道上。有一家报纸提出了“顶天立地”的概念，即主要领导的稿件放在头版，不转版，其报相可以想见。还有一家报纸对我们开辟“外眼探粤”③专栏、自主采访外国政要有些不解，问：“外交部没有批准，你们能这样做吗？”我列举这两个例子，不是炫耀我们的时政报道走得多么超前，而是想以此突出时政报道改革的极端重要性和紧迫性。

■仿佛时政报道天生就是这个样子，任何创新努力都没有合法性，所以完全没必要。

时政记者迷失三相

时政报道的当下迷失，甚至到了“有时政无报道”的地步。因为在各种报道要求、纪律面前，将时政报道工作化、宣传化，有时已经成为一种集体无意识。仿佛时政报道天生就是这个样子，任何

■时政报道的当下迷失，甚至到了“有时政无报道”的地步。

① 丁柏铨、李卫红：《论时政新闻的改革创新》，《采写编》，2006年第4期。

② 杨兴锋：《高度决定影响力》，南方日报出版社，2004年5月第1版。

③ 南方日报与广东省外办于2009年3月开始合作推出的新闻栏目，主要以对外国政要及海内外知名人士的高端访谈为主，适时推出针对广东现实而策划的看世界的相关深度话题，是在“大外事”战略下“冷线”变“富矿”的经典案例。外交部长杨洁篪曾评价“广东外事报道的创新走在了全国前面”。

创新努力都没有合法性，所以完全没必要。这一点集中体现在我们当前努力拓展政治报道空间之难上。

于是，有些时政记者也跟着迷失了方向，也许可以用三个“自”来概括，即：自暴自弃、作茧自缚、自得其乐。

自暴自弃，是指对政治报道存在的问题非常清楚，个人也很清醒，但过高估计解决问题的难度，因而放弃创新改变的努力。比如，对于各种会议和领导公务活动，一个思维定势就是用行政级别来判断“新闻价值”，进而作出见报安排。某些行业性部门性的会议，本来只是例行的工作安排或总结，并无新意，但往往因为某个级别较高领导的出席，就变得重要起来，并用很大版面加以报道，其实整篇都是老生常谈[①]。

■这样看似完成了报道任务，但有多大实际效果呢？

这样处理新闻，对记者和媒体来说，极为省事。领导人出席活动就按级别安排版面和长短，会议与文件报道只按宣传要求摘发，不用费尽心思从中寻找新闻点，不用深入采访做解读。这样看似完成了报道任务，但有多大实际效果呢？

对于这些问题，很多人不是没有看到，也不是不明白这样做不好，但对于改革存在畏难情绪，于是放弃努力，问题日积月累，越来越难解决。

作茧自缚，是指“政治正确”过度，自己把关过度。由于政治报道的内容十分重要，关乎经济、社会发展的全局和社会成员的切身利益，政治性、政策性极强，受到各级党委、政府高度关注，稍有不慎，就有可能出现偏差。

■也有专家将时政新闻的这种现状概括为“冷热不均”

为了“少犯错误”，“少惹麻烦”，媒体在做政治报道时不免缩手缩脚，不敢越雷池半步，甚至“宁左勿右”。以为只要把领导人活动安排到重要版面，只要把会议报道和党政机关的文件尽可能地大篇幅报道，就算完成了政治报道任务。于是可能出现这样一种局面：一方面，党委、政府和主流媒体不遗余力地报道时政新闻，声势宏大，但报道角度与方式却大同小异；另一方面，受众关注时政新闻，却看不到多角度、多层次的报道，结果必然形成对时政新闻的逆反心理。[②]也有专家将时政新闻的这种现状概括为“冷热不均”：党、政府和媒体一头“热”（党和政府极为关注，媒体大篇幅、高频度报道），公众受众却一头“冷”，缺乏阅听热情[③]。

自得其乐，是指仍然沉浸在计划体制下党报独大的残梦里，享

---

① 张玺乾、夏世铨：《确立报道的平民视角》，《新闻战线》，2002年第3期。
② 韩希江：《改变党报政治报道的定式与惰性》，《青年记者》，2008年第3期。
③ 丁柏铨、李卫红：《论时政新闻的改革创新》，《采写编》，2006年第4期。

受着“官记”的虚荣与所谓的利益寻租，非常可怕。

就中国而言，党始终是领导我们各项事业的核心，党报仍将一如既往是我们党实现自己奋斗目标的重要手段，党报工作人员是党的宣传思想工作者，是党最需要、最重视、最信任的力量之一。所以，党和国家对党报工作人员是相当重视的。2007年，在中宣部、人事部等单位联合表彰148名全国优秀新闻工作者，其中有32人来自三级党委机关报（不含其子报子刊），占22%。2007年，中央有关部门组织的一个抽样调查表明：党报工作人员月收入3001—4000元者占21.12%，4001—5000元者占14.16%；5001—6000元者占12.17%；6000元以上者占13.14%。姑且不探讨这些数据是否准确，但下面一组数据比较说明问题。党报工作人员对自己目前的工作状况评价为“比较满意”者占51.12%，评价为“非常满意”者占41.2%。所以，论政治、论业务、论待遇，党报工作人员都仍将令同行羡慕。[①]

■他们也许没有想到，如果不奋发有为、创新谋变，继续唱着传统时政报道的老调，无异于身处即将沉没的“铁达尼”号，晚餐虽然丰盛，可是明天呢？

本来党和国家对党报工作的重视和支持，应该促进党报记者更好工作。可有些记者，包括时政记者却自得其乐，满足于写一些豆腐块宣传文章，满足于被地方领导干部视为座上宾，满足于既有的安逸生活，对党报的新闻改革缺少动力，不愿改，不敢改，也没能力改。他们也许没有想到，如果不奋发有为、创新谋变，继续唱着传统时政报道的老调，无异于身处即将沉没的“铁达尼”号，晚餐虽然丰盛，可是明天呢？

时政报道的拐点

时政报道非改不可，至少有三层含义：一是我们传统的那一套做法，读者是不欢迎的，如果继续坚持，就等于自绝于市场，这在前面已经分析过了；二是即便从“围绕中心、服务大局”出发，我们也要想办法提高舆论引导的针对性和实效性，传统做法肯定难以完成好党交给的任务，当然不会让党满意；三是时代飞速发展，我们已经身处一个全新的传播环境，时政报道改革的契机已到。

我们不妨从胡锦涛同志的两个讲话讲起。

2002年在全国宣传部长会议上，胡锦涛同志指出：要尊重舆论宣传的规律，讲究舆论宣传的艺术，不断提高舆论引导的水平和效果。鲜明提出“尊重舆论宣传的规律”，表明我们党对舆论宣传有了进一步的认识，是一个重大发展。

① 王武录：《党报工作人员队伍若干走向管窥》，《现代传播》，2008年第2期。

■当新闻传播规律的回归得以确认，当公民有序政治参与不可逆转得以确认，当人的全面发展、政治信息成为生活必需品得以确认，我们知道时政报道的拐点已经出现了。

时隔6年，2008年视察人民日报社时，胡锦涛总书记又提出：用时代要求审视新闻宣传工作，按照新闻传播规律办事，努力使新闻宣传工作体现时代性、把握规律性、富于创造性，不断提高舆论引导的权威性、公信力、影响力。

从“尊重舆论宣传的规律”到“按照新闻传播规律办事”，看似用词的变化，实乃我们党对新闻传播规律认识不断提高，昭示着我们的舆论宣传事业向新闻传播回归的必然趋势。当新闻传播规律的回归得以确认，当公民有序政治参与不可逆转得以确认，当人的全面发展、政治信息成为生活必需品得以确认，我们知道时政报道的拐点已经出现了。

这种改变是被一种合力推动的。而这种合力除了来自时政记者的职业自觉和主观努力，还来自新的传播环境下各种势能向动能的转化。这是一个什么样的新的传播环境呢？

■这种改变是被一种合力推动的。而这种合力除了来自时政记者的职业自觉和主观努力，还来自新的传播环境下各种势能向动能的转化。

新兴媒体风起云涌

网络新闻抢夺了传统媒体不少受众市场，其快速、海量、互动的特点，深受欢迎。博客的兴起，使每一个博主不需借助传统主流媒体，就可以发布信息。中国互联网络信息中心（CNNIC）最新发布的统计报告显示，截至2009年12月30日，中国网民规模达到3.84亿人，博客用户规模2.21亿人，手机网民规模去年一年激增了1.2亿人，达到2.23亿。这意味着，平均每3至4个中国人中就有1个是网民，每6个人中就有1个拥有博客。数字相当惊人。

博客热未退烧，微博客又出尽风头。由于可以通过手机随时随地发布简短信息，微博就摆脱了设备的限制，可以做到现场直播，极大提高了传播速度。QQ群则实现了滚雪球式复制传播。BBS成为互联网舆论主要集散地。凡此种种新兴媒体和新兴传播渠道，都在颠覆传统的新闻传播，“受众”已经不仅仅是“受”者，同时也是“传”者。传统媒体因此感到压力重重。

市场类都市类媒体冲击加剧

党报作为传统主流纸媒，从来都是在各种挑战、冲击中一路走来。最开始是广播电视，后来有了晚报，接着是市场类都市类媒体，最近的才是新兴媒体。作为纸媒最有力的冲击者，城市日报占领了最有利的广告资源和发行份额，让党报特别是省级机关报发展极为困难。

党对党报要求更高

适应新的国内国际形势，加强和改进政治报道已经成为共识。党的十六大以来，以胡锦涛同志为总书记的党中央对加强和改进新闻报道提出了一系列重要原则，特别是对改进会议和领导同志活动报道作了一系列具体规定。2003年中共中央办公厅下发了《关于进一步改进会议和领导同志活动新闻报道的实施办法》，后来中宣部又出台了《〈关于进一步改进会议和领导同志活动新闻报道的实施办法〉的补充规定》，对一些重要会议和中央主要领导同志活动报道的字数、篇幅等作出规定，明确提出“中央领导同志题词、作序、写贺信、发贺电，一般不作公开报道。”各省也都出台相应的规定，使政治报道的空间得到了拓展。

■才可能在全世界讲好中国的故事

另一方面，胡锦涛总书记关于“形成舆论引导新格局”的论断，要求办报纸统筹国内国际两个方面，切实提高舆论引导能力①。这就要求党报的新闻产品，特别是政治报道能够立起来，发挥好舆论主渠道的作用。只有报道品质上去了，新闻产品的竞争力增强了，党报才谈得上与国际一流媒体争夺话语权，才可能在全世界讲好中国的故事。

政治文明不断推进带来新变化

扩大公民有序政治参与是扩大社会主义民主的现实路径。党的十七大报告指出，“坚持国家一切权力属于人民，从各个层次、各个领域扩大公民有序政治参与，最广泛地动员和组织人民依法管理国家事务和社会事务、管理经济和文化事业”，为扩大公民有序政治参与指明了方向。这一方面扩大了政治报道的需求，一方面又为政治传播提供了更多的内容资源。

■各方大员纷纷围绕各自的“年度关键词”，展现个性。

在地球越来越平的今天，媒体日益成为公民广泛政治参与的重要平台，在传播政治知识和激发公民参与政治事务管理等方面具有不可替代的作用。在这种参与机制中，公民对媒体的信任程度直接影响公民政治参与的意识、程度和效果②。在这方面，高品质的政治报道大有可为。

政治文明给官场生态带来的变化更值得重视。以2010年全国“两会”为例，各方大员纷纷围绕各自的“年度关键词”，展现个性。在广东，省委书记汪洋淡定应答“民工荒”：“珠三角确实缺

① 胡锦涛总书记2008年6月视察人民日报社时的讲话。

② 邓华龙、李百齐：《浅析我国新闻媒体的政治参与》，《科教创新》，2009年第1期。

■英国《金融时报》发表文章，称这是一群“更容易接近的、亲民的新型中国政治家。”

工，但并不像媒体渲染的那么严重。”他当场表态，广东正在研究进一步提高珠三角的最低工资。在重庆，市委书记薄熙来公开反击舆论指责，称“李庄案”程序合法，“打黑”不是“黑打”。这位铁腕市委书记还展示温情一面，公开感谢当过律师的妻子在“打黑”过程中对他帮助很大。在上海，市委书记俞正声说自己也看过反映“房奴”境遇的电视剧《蜗居》，还曾经在干部会上向大家推荐。面对记者对官员财产申报的追问，他笑答自己的个人财产早就申报，大家可以去查。由此观察，“两会”既是地方高官展现风采与个性的“舞台”，也是省际软实力正面交锋的“考场”。英国《金融时报》发表文章，称这是一群“更容易接近的、亲民的新型中国政治家。”《华尔街日报》则称，“新型中国政治家”正在运用西式公关争取支持。新的政治生态，必将催生新的政治报道与其匹配。

人的自觉需要政治

亚里士多德曾说，人是天生的政治动物。表明人对政治有一种天然的需求。中国人民大学蓝鸿文教授等人在分析我国自唐代以来盛行千余年的邸报的主要内容后指出：政治报道从有报纸伊始，在各类报道中就是唱“主角”的。[①]

■从魏晋南北朝时期唱响的“人的自觉”，早已是大江东去，不可逆转。

从魏晋南北朝时期唱响的“人的自觉”，早已是大江东去，不可逆转。这意味着人的主体意识成为越来越积极的功能体。上面所分析的政治参与及政治信息的获取，自然进入人的需求视野。

2004年全国“两会”召开前，新华社新闻研究所曾组织过一次受众需求调查，结果显示：选择“非常关心国内外大事”的被调查者占到了总样本量的50%；“关心与生活密切的时政新闻”的占31%；仅有3%的被调查者很少关注时政。这反映出人们对政治报道有着旺盛需求。[②]

1990年代末，《解放日报》曾联合复旦大学新闻学院调查读者双休日的阅读特点，事先大家都推测读者会更喜欢“轻松休闲”的内容。但调查结果表明，尽管在闲暇时间，读者的兴趣点首推是“时政新闻”（占56.36%），而“娱乐信息”只位居第四（37.34%）。[③]

---

① 张宿堂、孙承斌、李斌：《破解时政报道的难题》，《新闻与写作》，2008年第3期。

② 崔士鑫：《主流媒体怎样改进时政报道》，《中国记者》，2007年1期。

③ 崔士鑫：《主流媒体怎样改进时政报道》，《中国记者》，2007年1期。

曾经，“莫谈政治”被奉为生活的智慧，“政治挂帅”被当成时代的流行，那是因为害怕说错话、害怕不“革命”。如今，一切以人为本，一切以民生为重，政治不是孤立于每一位公民、孤立于民生的空谈，而是实实在在的国计民策。伴随着民主的进步和社会的开放，政治不仅成为生活的一个重要内容，也成为一种亲切的需要。

■曾经，“莫谈政治”被奉为生活的智慧，“政治挂帅”被当成时代的流行，那是因为害怕说错话、害怕不“革命”。

所以，我们要谈政治，善谈政治，把政治谈出滋味。这就要求我们改进题材选择与新闻表达，把单向的宣传灌输变成双向的互动碰撞，以新闻的快捷与生动，给读者带来严肃理性的政治。

结语

在政治成为亲切需要的语境下，“时政报道＝工作宣传”、“政治报道＝政务报道”这样的老调唱不下去了。

■在传统报道的“内循环”中里奔突，是没有出路的。

我们的唯一选项是按政治报道的规律，还原政治报道的本来面目，赋予其生命活力。这就需要对政治报道进行一次脱胎换骨式的优化升级。

正如厮杀于一片狭窄因而惨烈的“红海”，在传统报道的“内循环”中里奔突，是没有出路的。只有杀开血路，进入时政报道的“蓝海”，才能打开其广阔的增量空间，迎来政治报道发展的无限可能！

附一 >>

打开政治报道增量空间①

【核心提示】

在媒体的大变局中，作为党报的核心业务单元，政治报道必须回答三个问题：

新闻竞争，八仙过海，面对都市类、市场类媒体的强势挤压，报道理念与经营手段如何变革，成为党报走市场的助推器，而不是阻力？

融媒时代，整合为王，政治报道业务链如何延长，成为党报报道优势到竞争优势的转化器？

媒体变局，不进则退，政治报道如何科学谋变，提早布局，成为党媒产品新增长极的孵化器？

■媒体大变局，已经由“冷兵器时代”进入“热核时代”。曾经的单打独斗、角度刁钻、慢工细活等经典战法，早已被大策划、大制作、全媒体、全方位的立体轰炸取代。

600年前，当船队艰难穿过最窄处只有37公里的马六甲海峡，郑和的眼前蓦然展开一望无际的印度洋，“海上丝路”最瑰丽的传奇由此开启。

今天，我们走出传统党报报道的“马六甲海峡”，同样进入一片波澜壮阔的“蓝海”，不由惊叹：我们曾经一直厮杀的新闻战场，原来只是一片狭窄因而竞争惨烈的“红海”！党报走市场，拓开了党媒发展新的广阔空间。

媒体大变局，已经由“冷兵器时代”进入“热核时代”。曾经的单打独斗、角度刁钻、慢工细活等经典战法，早已被大策划、大制作、全媒体、全方位的立体轰炸取代。

作为党报的核心业务单元，政治报道必须回答三个问题：

新闻竞争，八仙过海，面对都市类、市场类媒体的强势挤压，报道理念与经营手段如何变革，成为党报走市场的助推器，而不是阻力？

融媒时代，整合为王，政治报道业务链如何延长，成为党报报道优势到竞争优势的转化器？

① 这篇论文是本人在2010年元旦假期中写的新年业务发展设想，有删改。

媒体变局，不进则退，政治报道如何科学谋变，提早布局，成为党媒产品新增长极的孵化器？

当好助推器、转化器、孵化器这三个角色，是我们必须认真思考和探索的，必须不断向实践寻求智慧。

■当好助推器、转化器、孵化器这三个角色，是我们必须认真思考和探索的，必须不断向实践寻求智慧。

盘活存量：走出传统报道的“红海”

党报政治报道的存量是什么？

就是我们目前大量在做的主题宣传、工作报道、政务报道，等等。它们非常重要，机关报的职能在很大程度上由这些报道来实现。对于这一块，我们必须做好，不容讨价还价。

但怎么做好，非常考人。是不是不顾报纸卖相、不顾读者感受，“不折不扣”、“原封不动”地照搬党和政府的文件，用材料语言代替新闻表达就行了呢？

当然不是。我们要增强舆论引导的针对性和实效性，就必须创新观念、创新内容、创新形式、创新方法、创新手段，用新闻的手段做宣传，用创新的理念做报道，将传统政治报道做得可亲、可信、可看，从而有效引导舆论，服务党和政府的中心工作。

正因为政治报道严肃、权威，所以其业务创新难度更大。一般认为，政治报道的创新是党报业务改革最难、最后的环节。政治报道改革的成败，直接关系到党报业务创新的成败，直接关系到党报走市场的成败。

■一般认为，时政报道的创新是党报业务改革最难、最后的环节。时政报道改革的成败，直接关系到党报业务创新的成败，直接关系到党报走市场的成败。

长期以来，不少人都以为“时政报道＝工作宣传”，“政治报道＝政务报道”。在这种传统观念下，我们只能束手就擒，甚至自暴自弃。政治报道枯燥无味，严重影响报纸可读性，成为党报走市场的障碍。党报政治报道的存量，我们必须盘活优化。在这方面，南方日报做了多方探索，积累了宝贵经验。

但正如厮杀于一片狭窄因而惨烈的“红海”，我们必须实施政治报道的“蓝海”战略，打开其增量空间，增强党报业务核心竞争力，成为党报走市场的核心竞争力。

打开增量：用现代政治理念指导题材选择和新闻表达

2009年，在以往尝试的基础上，报社领导亲自策划、推动、指导，我们以“时政南方眼”、“外眼探粤”等品牌带动，尝试了政治报道的转型升级。

所谓“时政南方眼”，是指用“南方”的眼光来观察省内外时政事件和现象，通过“望闻问切”，以独到精辟的分析性报道，帮

■在文本上，就要积极创新，改进题材选择和新闻表达，去“工作化”、去“宣传化”，善讲故事、讲好故事、讲出故事背后的东西，带给人们严肃理性的政治。

助读者在“悦读”中实现“深读”。

体现在文本上，就要积极创新，改进题材选择和新闻表达，努力改变传统政务报道的枯燥僵化面貌，去“工作化”、去“宣传化”，善讲故事、讲好故事、讲出故事背后的东西，带给人们严肃理性的政治。

实践证明，这是纸媒在新的媒体环境下胜出的重要武器。正如杨兴锋社长所言，网络媒体的特点是速度、宽度（海量），这些优势都不是纸媒所具有的。纸媒与之抗衡，必面依靠深度、信度。而深度报道，恰恰是最适合开展政治报道的体裁。

试推一年，“时政南方眼”好稿不断，品牌效应越来越强。“官员自评高分”、“公检法三长大轮训”、“省委掀起珠岛读书热”等报道，纷纷被兄弟报纸、网络转载。凤凰卫视还多次在读报节目中读到我们的稿件。

比如，围绕中央要求减少省长助理、市长助理、副秘书长话题，我们进行了深入报道。既有广东措施，又有全国动向，非常立体。这一独家报道推出后，《南方都市报》用两天跟着来做。《广州日报》干脆注明转自《南方日报》，这一做法在新闻竞争白热化的今天，相当罕见。

但“时政南方眼”的意义，远不止于单篇稿件产生多大反响，而是它在传统政治报道之外，尝试了一种新的可能，为党报政治报道的转型升级探路。

除了工作性、宣传性的报道之外，高品质的、具有现代政治理念的报道，是当前国内媒体的短板，对有些媒体而言，甚至还是空白。必须迅速补长这一短板。以高品质的政治报道来优化党报媒体的内容资源，既是增强党报市场竞争力的现实策略，也是提高党报舆论引导力的不二选择。

■政治记者们将政坛风云、政治生态当作与经济圈、娱乐场一样的报道对象进行关照，将政治人物当成娱乐明星一样追逐。

事实上，高端的政治报道从来都是新闻竞争的重武器。美国《华盛顿邮报》凭借越战文件和水门事件，成为议员必读的报纸。《纽约时报》、《时代周刊》等无一不靠政治报道立足。在这里，政治记者们将政坛风云、政治生态当作与经济圈、娱乐场一样的报道对象进行关照，将政治人物当成娱乐明星一样追逐。

从国内看，时政领域始终是新闻必争之地。国家三令五申严管时政类报刊，一个重要原因就是时政类报刊太重要。就媒体而言，可以说“得时政者，得天下”。《南方周末》一直将时政报道作为立报之本。《南方都市报》的时政特色越来越鲜明，投入了大量的采编力量。就连《新快报》最近改版，也推出《时事观察》，初展气象。作为机关报的《南方日报》，必须做大做强政治报道，培育激发党报业务的核心竞争力。

2009年10月23日南方日报第七次改版后，"时政南方眼"推出更加频密，成为"深读板块"的核心品种，推出了一大批好稿。比如，11月5日开始推出的 "关注官员自评高分现象"系列报道，在引领南方都市报、羊城晚报、广州日报跟进的同时，充分发挥本报优势，控制报道节奏，在全国引起了极大反响，转载的相关网页达12300多页，文章多日占据人民网、新华网、腾迅网、新浪网等主流门户网站首页显著推荐位置，央视新闻频道专门予以评论，省内各大电视台也予以播报。

■用现代政治理念和新闻规律指导题材选择和新闻表达，做大、做强政治报道的增量，实现政治报道的回归。

接下来，我们要凭借第七次改版激发的巨大势能，继续改革创新，开创政治报道新局面。对于传统的政治报道，也就是主题宣传、工作报道、政务报道那一块，我们强调"用新闻的手段做宣传"，不断盘活、优化时政报道的存量。同时，以"时政南方眼"等为载体，经营高品质的政治报道，用现代政治理念和新闻规律指导题材选择和新闻表达，做大、做强政治报道的增量，实现政治报道的回归。

就"时政南方眼"而言，有五个问题亟待解决：

必须形成更为强势的品牌效应

针对目前"时政南方眼"的稿件比较分散、未形成拳头的情况，要打造"治理创新"、"舆情聚焦"、"政坛观察"、"民间社会成长"等子品牌，有意识地朝这几个方向策划组稿，形成强势的注意力效应。

■城市的崛起和政治的成熟有赖于民间社会的成长

"治理创新"、"舆情聚焦"下面还有详述。"政坛观察"主要考虑到本报主流读者的阅读兴趣和信息需求，拟对目前正在进行的政坛动态、人事分析等等报道进行集合，成为一个主打品牌。"民间社会成长"这个栏目已经挂出，主要集中报道民间社会成长过程中的制度变迁、焦点话题和新闻事件。

2009年，"时政南方眼"尝试刊发了几篇慈善组织、行业协会的调查性稿件，对广东民间社会成长的个别领域进行深度报道。通过这些稿件的影响和受关注程度我们发现，读者对于民间社会成长非常关注，对于小政府、大社会的期待非常迫切。而城市的崛起和政治的成熟有赖于民间社会的成长，当下一份敏感负责任的媒体必须对民间社会投去更多的关注。2010年，要进一步加强这个栏目的建设。

■我们必须增强紧迫感和责任感，打破“资源诅咒”，将手中的资源转化为优质报道，为优化党报DNA作出贡献。

必须建立更有保障的供稿机制

为了打造品牌，必须加强质量控制，确保稿件优中选优。目前，“时政南方眼”有时质量不太稳定，就与稿源不足有关。时政新闻中心线多面广，资源丰厚。我们必须增强紧迫感和责任感，打破“资源诅咒”，将手中的资源转化为优质报道，为优化党报DNA作出贡献。这就要建立更深入的线索搜集制度、更充分的选题讨论制度、更严格的记者问责制度和更科学的考评导向制度。

必须推出更多经典的拳头产品

目前，更多地表现为急就章。这不是不行。一些新闻性极强的题目，是应该马上做。但是，不能都是急就章。又有一些慢新闻。慢慢打磨，新闻表达是经典，新闻调查是案例。争取每周能推出一两期这样的。

■新闻表达是经典，新闻调查是案例。

必须完善更为科学的人员配置

必须在边干边试中，回答好下面的问题：如何激励部门机动记者多出稿、出好稿？如何协调部门机动记者与跑线记者，产生“1+1＞2”的效果？如何协调好部门内供稿和部门外来稿？如何更好发挥北京站的作用，使“大时政”的经营更上一个台阶？根据目前的版面设置，如何对北京站供稿记者进行科学考评？

必须得到更有力度的版面支持

第七次改版对采编能量的极大激发，与版面的系统梳理和优化配置有很大关系。我们要巩固扩大改版的成果，就必须使改版的导向指引作用始终发挥，改版的精神状态得以持续和提升。报社和要闻中心对“时政南方眼”的推出相当支持。但限于各种客观原因，版面的稳定性有时还是难以保证。于是，我们的一些探索难以持续，显出一种随意性；版面对记者的导向作用也不能更好发挥，挫伤了记者供稿和探索的积极性。比如，“时政南方眼”开有“时局”、“人事”等固定栏目，影响越来越大。但版面推出不能固定、版面太挤容量有限，推出总是断断续续，难以形成规模和系统，影响了品牌的打造。而版面保障没有安全感，也会挫伤我们进一步探索的锐气。

■必须使改版的导向指引作用始终发挥，改版的精神状态得以持续和提升。

整活资源：形成更为强势的品牌效应

做大做政治报道的增量，必须重视资源整合。

这一次海地大地震，南方报业特派记者不顾危险，深入采访，发回现场报道，展现了南方报人的风采。而一个关键环节，就是我们借用了侨办的资源。

由此，我们更加确认两点：一、我们手中掌握的资源确实很多；二、我们必须用好资源，将资源“整合”提升到“整活”的水平，打造出品牌，为报道和报社事业服务。

■将资源“整合”提升到“整活”的水平

机关报的影响力不言而喻。但这个影响力只有通过营销，才能转化为事实上的影响力和经济上的正效益。所以，我们想以“时政南方眼”为载体，整活资源，形成更为强势的品牌效应。在这一过程中，对南方日报的政治报道业务链作进一步延伸，探索政治报道的“纸外”政治影响力拓展和产业化运作拓展，创新南方日报的业务和营利增长点。同时顺势而为，科学谋变，提早布局，尝试以“时政南方眼”为载体，培育新的党媒产品，勇当孵化器。

目前“时政南方眼”的稿件比较分散，尚未形成拳头，所以，新的一年拟打造“治理创新”、“舆情聚焦”、“政坛观察”、“民间社会成长”等子品牌，有意识地朝这几个方向策划组稿，形成强势的注意力效应。

党和政府的治理创新，是科学执政、民主执政、依法执政高端实现形式。2010年1月1日，胡锦涛总书记就在《求是》杂志发表文章，指出必须提高党的建设科学化水平，推动党的建设创新。在这方面，中共中央编译局比较政治与经济研究中心、中共中央党校世界政党比较研究中心和北京大学中国政府创新研究中心，联合组织评选“中国地方政府创新奖”，影响很大。推评“地方政府创新奖”的俞可平，主编《政府治理创新丛书》，颇受欢迎。

■党和政府的治理创新，是科学执政、民主执政、依法执政高端实现形式。

所以，我们以“治理创新”报道为载体，如果可行，可以谋求更大的发展。

针对当前党委、政府媒体危机公关、舆情应对的需要，在“时政南方眼”板块中推出“舆情聚焦”系列报道和“舆情应对”案例分析，为各级党政领导决策提供参考。如果说，“治理创新奖”积极为各地鼓与呼，那么“舆情应对”就有点舆论监督的味道。这样，一方面落实案例教学，延伸本报政治报道的服务链，一方面又对地方进行鞭策和推动，强化本报的权威性。

“政坛观察”主要考虑到本报主流读者的阅读兴趣和信息需求，拟对集合目前正在推行的政坛动态、人事分析等等报道栏目，成为一个主打品牌。“民间社会成长”这个栏目已经挂出，主要集中报道民间社会成长过程中的制度变迁、焦点话题和新闻事件。

■这是一个唯有变化是唯一不变的伟大时代，进入“蓝海”是最优选项。

我们冀望一系列子品牌的打造，能够助力做大做强我们的政治报道。

这是一个唯有变化是唯一不变的伟大时代，进入“蓝海”是最优选项。

当新闻传播规律的回归得以确认，当公民有序政治参与不可逆转得以确认，当人的全面发展、政治信息成为生活必需品得以确认，我们知道时间已经开始了。

打开政治报道增量空间后无限的可能性，正在前方等待。

附二 >>

大格局下的机关报及其时政报道①

2010年广东两会，《政府工作报告》提出：广东被先进省市赶超的压力不断增大！

虽然近年来强调危机的话经常可以听到，但《政府工作报告》公开这样承认，还是第一次。

这让我想到一个关于大格局的问题：广东在中国乃至世界的大格局调整中该如何定位？在这一地位重组过程中，南方日报该如何作为？作为党报重要业务单元的时政报道又该如何作为？

■广东在中国乃至世界的大格局调整中该如何定位？在这一地位重组过程中，南方日报该如何作为？作为党报重要业务单元的时政报道又该如何作为？

广东在新一轮格局重组中如何占位？

国际金融危机加速了世界、中国政经版图的重组。不管我们是否愿意正视，广东确实存在边缘化的危险。广东GDP与山东的差距越来越小，广州被天津咬得越来越紧，“中国第三城”地位堪忧。前不久，2010年中国省域竞争力蓝皮书测算省域经济综合竞争力，上海、北京、江苏居前三位，其中江苏首次超过广东。这些对改革开放30年多来一直处于中国重心位置的广东来讲，是有点苦涩的。

问题在于，虽然我们一再强调高举解放思想伟大旗帜，一再高呼落实科学发展观，也切切实实在抓转变发展方式，但不容否认的是，我们仍然缺乏一种大格局的视野。任剑涛教授公开批评广东缺乏对“三国”（国际政治、国际关系和国际经济）的研究，非常有道理。我们现在努力开拓新型市场，当然重要，但其购买力实在有限，而且因其需求低端不利于我们升级转型。所以，关键还是要靠欧美市场。我们必须明确的是，即便没有国际金融危机，广东产品进入欧美市场也是一个需要不断研究的新课题。默克尔一上台提出“价值观外交”，实际上是重提冷战思维。在这样的情况下，我们再沿用1980年以来惯用的思路、模式、方法去做是不行的，必须要研究别人的风俗文化、政治体制、贸易政策,然后有个非常明晰、理

■广东缺乏对“三国”（国际政治、国际关系和国际经济）的研究

① 这是2010年初在报社内部研讨会上的发言，有删改。

■改变党委、人大、政府、政协都谈GDP的惯性

性的指导，非常顺利地进入对方市场，开展合作。

这个例子说得有点远。其实我是想说，在后危机时代、在新的格局洗牌重组前，广东必须转变思路，改变就经济抓经济的路径依赖，改变党委、人大、政府、政协都谈GDP的惯性，站在更高的起点、更广的平台上来研究国内、国际问题。上海有庞大的研究智库，他们发布的报告甚至在影响中央决策。广东在这方面做得还不够。

大格局中，南方日报该如何作为？

■要求我们以开阔的视野，重新审视我们的新闻资源，以大格局、智慧型传播，确立南方日报作为改革旗帜、区域灵魂、发展智库的地位。

这个引子说得有点长，但我觉得并没有离题。因为，这些广东做得不够的，南方日报正可以大有作为。

我们是广东省委机关报，应该培育、引领广东在格局重组中看清方向、积极有为，进而谋取有利占位。

这就要求我们以开阔的视野，重新审视我们的新闻资源，以大格局、智慧型传播，确立南方日报作为改革旗帜、区域灵魂、发展智库的地位。

事实上，这与南方日报早在2002年开始开版便确立的“高度决定影响力”理念，以及在七次改版中愈发清晰的理路完全相合。只不过，国际金融危机和被兄弟省市赶超的双重倒逼，对大格局中正确归位、先行占位，在操作性上提出了更为明确的要求。

我觉得，无论是“改版训练”激发的新闻理想，还是南方日报作为机关报的客观功能，都要求我们为南方日报在此轮格局调整中谋取这样的定位。首先，南方日报要代言改革精神。按汪洋书记的要求，以改革开放的精神为改革开放鼓与呼，成为传播改革精神、推动改革进程的一面旗帜。其次，南方日报要成为区域灵魂。这可以从两个方面看，一是确立南方日报在华南地区，或者泛珠、环珠地区舆论话语领导者地位，二是因人缘、地缘、亲缘关系，确立南方日报在东南亚、甚至全球华文媒体中的领导地位。第三，南方日报要成为广东、成为中国的发展智库。

■无论是“改版训练”激发的新闻理想，还是南方日报作为机关报的客观功能，都要求我们为南方日报在此轮格局调整中谋取这样的定位。

由此，我提出几点不成熟的建议：

（一）以大格局的视野来判断传播价值、确定传播策略。传统新闻观有一条“金规则”，要求新闻须有接近性，比如强调同城、本省新闻优先。这当然没错。但是，在地球越来越平、在大格局加快重组的今天，阅读偏好或者价值取向的接近性同样重要，甚至更重要。这就要求以同等眼光来审视省内外、国内外一切新闻线索，按它们与广东关系的价值半径来制定相应的报道策略。这也是杨兴

锋社长早就提出的“大时政”、“大经济”思路。我们必须冲破思想樊篱，做出南方日报高人一筹的水平。

就目前来讲，我觉得尤其要关注长三角、环渤海经济圈的动向，经常性地报道这些地区的新动作、新气象、新思路、新招数，等等，供广东各级党政领导参考。我们的深度选题，要更注意向这些区域侧重。

当然，如果真正以大格局的眼光，统筹省内外、国内外的一切传播资源，就涉及版面、部门设置的结构性调整，这是报社领导需要考虑的问题。

（二）切切实实当好智慧型信息产品的供应商。南方日报“高度决定影响力”的理念，以及在不断改版日益清晰的理路，就是在新的市场条件、新的传播环境、新的发展背景下，党报对“有所为有所不为”作出的明确回答。我们要提供高附加值的智慧密集型产品。低附加值、劳动密集型的业务形态当然需要，但是始终不是，也不应该是我们的核心竞争力。

■南方日报“高度决定影响力”的理念，以及在不断改版日益清晰的理路，就是在新的市场条件、新的传播环境、新的发展背景下，党报对“有所为有所不为”作出的明确回答。

沿着这一思路，“如何以大格局眼光，统筹省内外、国内外一切传播资源”就有了答案，这就是：智慧型。当然不是地球每个角落发生的任何事都报，便是大格局眼光。我们选择的标准，便是智慧型定位。也就是说，我们要的是那些适合这一定位的报道素材。比如，小岗村新任村支书上任、重庆忠县海选一拔手可以组阁、湖北罗田县不设县委常委会，等等，这些就是我们可以大力关注的。

（三）相应的，要以大格局的眼光来考核、评价我们产品的生产与再生产。建议考虑对智慧密集型产品与劳动密集型产品进行分开评价。

■以大格局的眼光来考核、评价我们产品的生产与再生产。建议考虑对智慧密集型产品与劳动密集型产品进行分开评价。

（四）聚拢、团结一批处于决策圈内的国家智库人员。转变观念，培育我们的作者、朋友、观察家。通过一些处于决策圈内的国家智库人员经常借助南方日报发声，提高我们的影响力和传播力。

（五）整活资源“走出去”。我们“走出去”，必须是结构性的资源重组，是一种战略性的蜕变。

（六）用好全媒体，打造大格局。全媒体的发展策略是一种低成本、高扩张的战略。要以大格局的眼光，统摄全媒体资源，重置全媒体布局，确定大格局中南方的全媒体地位。

大格局中，时政报道该如何作为？

在大格局的重组中，有一个基本事实已经得到确认，那就是政治经济学时代的真正来临。改革开放30多年，我们都是以经济建

■在大格局的重组中，有一个基本事实已经得到确认，那就是政治经济学时代的真正来临。

设为中心，经济先行。但走到今天，我们必须是经济建设、政治建设、文化建设、社会建设和党的建设，五位一体，同步推进。

在这样的大背景下，时政报道、或者说政治报道作为一个专业领域，必须得到确认。这看似一个伪问题，但事实上，有多少人至今都把政治报道等同于工作报道、等同于政务报道、等同于主题宣传？

我们要将政治报道向专业化回归，将政坛风云、政治生态当作与经济圈、娱乐场一样的报道对象进行关照，甚至将政治人物当成明星一样追逐。

从国际上看，这早已成为共识。美国《华盛顿邮报》凭借越战文件和水门事件，成为议员必读的报纸。从国内看，时政始终是新闻必争之地。作为机关报的《南方日报》，必须做大做强政治报道，培育激发党报业务的核心竞争力。

所以，我想在大格局的变动中，作为党报的重要业务单元，政治报道必须回答三个问题：

■在大格局下，我们应该高举高打政治报道，以促进政治智慧的形成、政治共识的达成、政治协调的完成。

面对都市类、市场类媒体的强势挤压，报道理念与经营手段如何变革，成为党报走市场的助推器，而不是阻力？

融媒时代，整合为王，政治报道业务链如何延长，成为党报报道优势到竞争优势的转化器？

媒体变局由“冷兵器”进入“热核”时代，政治报道如何科学谋变，提早布局，成为党媒产品新增长极的孵化器？

回答好这三个问题，要贯穿我们时政报道的策划、组织、采写、制作等全部生产线。

我觉得，在大格局下，我们应该高举高打政治报道，以促进政治智慧的形成、政治共识的达成、政治协调的完成，成为经济社会良性运转的润滑剂。

第二章 >>

蓝海召唤：政治报道的回归

引子：为什么是政治报道

美国很多记者，大学里都学过新闻学经典教材《新闻报道与写作》[1]。据称，全美有300多所大学选用它。

在序言中，作者梅尔文·门彻（Melvin Mencher）教授说：在这个集艺术家、哨兵、公仆和街头公告于一身的职业中，我的楷模是拉尔夫·M·布雷格登，他教导了一代新闻记者如何履行职责，向他们引介了他们母语的力量和卓越。拉尔夫坚持认为，一切优秀的报道都是调查性报道。

■一切优秀的报道都是调查性报道。

而政治报道，恰恰是最适合展开新闻调查的品种。

门彻教授本人更在1978年说过一段话，表明其终身理念：作为一名记者，我的主要兴趣在于政治报道和调查性报道。

■作为一名记者，我的主要兴趣在于政治报道和调查性报道。

这段话，的确足以让每一位政治记者兴奋。

事实上，高品质的政治报道，一直是西方媒体新闻竞争的最重要武器之一。一批批政治观察家型的记者、主持人、栏目，长久的吸引着受众，他们所在的媒体也因此长盛不衰。

我们从传统政治报道的红海中突围，要进入的是怎样一片的蓝海呢？

从方法学的角度，沿着历史和地理纵横两个维度出发，触摸成功的政治报道，与成功的政治名记对话，也许可以勾勒这片蓝海的图景。

---

① 展江主译，华夏出版社，2003年8月第1版。

“权力机构的圣经”怎样炼成？

■挑战、质疑政府是美国主流媒体的传统。

挑战、质疑政府是美国主流媒体的传统。1971年6月13日，《纽约时报》作出了一项重大决策：刊登发表国防部绝密文件，揭露美国政府在越战问题上对美国舆论的误导和欺骗。

其时，国内反对越战运动风起云涌，尼克松政府还以妨碍交通为由镇压了一场两万人的反战抗议示威，并史无前例地将其中1.2万人予以拘留。

而早在这一年的3月中旬，《纽约时报》就从兰德公司的研究人员埃尔斯伯格手中获得了这份国防部的绝密文件。

《纽约时报》深知发表军方文件的法律责任，但是经过了四个月犹豫后，还是决定以记者调查报告的形式发出来。6月13日是星期天，第一篇报道面世了，顿时轰动，洛阳纸贵。

第二天一上班，司法部部长即对《纽约时报》发出警告，要求停止连载。但是，《纽约时报》根本不理，继续刊发，还报道了来自司法部的警告。

尼克松政府便将报纸告到联邦地区法院，要求法院禁止《纽约时报》继续刊发文件。联邦法院随即下达临时禁令。

《纽约时报》不得已屈服了。随后，埃尔斯伯格转向《华盛顿邮报》，由后者接力，继续刊登。

■对现实的积极介入造就了《纽约时报》的巨大社会影响力。如今，它已经成为世界各国在美政治公关的重要舞台。《纽约时报》派驻世界各国的特派员非常受重视，甚至享受着大使般待遇。

不过，联邦法院还是认同《纽约时报》的看法，认为文件是“一项历史研究”，于国家安全无害，并称政府未能证明国家安全因为文件的发表而受损。这就是当时震动一时的“五角大楼泄密事件”，让尼克松政府大丢颜面，并改变了后来美国越战政策。而作为这场“泄密事件”的报界发起人，《纽约时报》已经不是第一次在客观全面记录历史的同时，积极介入现实，以实际行动深刻影响社会进程了。

1960年，《纽约时报》一篇有关警方涉嫌虐待黑人的报道被控诽谤，耗费4年半，投入大量人力和金钱才赢得官司。此案最终促成通过《民权法案》，沉重打击了种族歧视，极大地鼓舞了美国黑人和少数民族争取平等权利的运动。

对现实的积极介入造就了《纽约时报》的巨大社会影响力。如今，它已经成为世界各国在美政治公关的重要舞台。《纽约时报》派驻世界各国的特派员非常受重视，甚至享受着大使般待遇。

《纽约时报》为什么能？这与《纽约时报》的立报理念密切相关。早在亨利·雷蒙德1851年创办《纽约时报》时，对“黄色新闻”深恶痛绝的他即定下新闻理念：“刊载所有适合刊载的新闻。”至今，这句仍然印在《纽约时报》头版，成为它一出生起就与众不同的DNA。

■刊载所有适合刊载的新闻

当时，美国“黄色新闻”正盛，主流社会已经非常厌恶。当时的著名评论家E·L·戈德金批评说，“这类报纸制造谎言，是因为说谎有利可图；换句话说，使他们愚蠢可悲和臭名昭著的原因就在于此，他们投了一部分道德败坏的人的所好。”“在任何一个基督教国家中，一家黄色报馆在气氛上大概是最像地狱的了。因为没有一个地方能比黄色报馆更适宜把一个青年训练成永远受人咒骂的人。”①

于是，雷蒙德反“黄色新闻”之道而行之，创办了《纽约时报》（当时叫《纽约每日时报》）。他那带有理想色彩的新闻主义很快为报纸赢得声誉。然而，由于经营不力，报纸的发行量与其他主流报纸仍相去甚远。

真正使《纽约时报》迅速壮大的是德裔犹太人阿道夫·奥克斯。1896年，奥克斯收购了濒于破产的《纽约时报》，大胆地增刊扩版，在新闻报道上不惜投资，大量增加在当时颇为少见的国际新闻。短短四五年，《纽约时报》的销售量就超过了10万份。

■要用最简明动人的方式，用文明社会中慎重的语言，来提供所有的新闻。

和创办人雷蒙德一样，奥克斯也坚持严肃的政治新闻观。他说：“我的殷切目标是：《纽约时报》要用最简明动人的方式，用文明社会中慎重的语言，来提供所有的新闻；要不偏不倚地，无畏无私地提供新闻，不论涉及什么政党、派别或利益；要使《纽约时报》的篇幅成为研讨一切与大众有关的重大问题的论坛，并为此目的而邀请各种不同见解的人参加明智的讨论。”②

《纽约时报》对新闻事件的报道总是唯恐不详，重要新闻常常不惜篇幅，因而被称为“档案记录报”③。因为在新闻报道方面总将自己定位为记录者，所以除纽约当地的新闻外，《纽约时报》很少首先报道一个事件。而假如它首先报道了，那么这个报道的可靠性会非常高，因此往往被世界上其他报纸和新闻社直接作为新闻来源。在美国大多数公共图书馆内都有一份《纽约时报》索引。所以，西方人又誉之为“权力机构的圣经”。在普利策新闻奖的众多

■对新闻事件的报道总是唯恐不详，重要新闻常常不惜篇幅，因而被称为“档案记录报”。

① 埃德温·埃默里、迈克尔·埃默里：《美国新闻史》，苏金虎等译，新华出版社，1982年版，第322、339页。

② 埃德温·埃默里、迈克尔·埃默里：《美国新闻史》，第372页，苏金虎等译，新华出版社，1982年版。

③ 辜晓进：《走进美国大报》，第48页，南方日报出版社，2004年11月第2版。

■进入《纽约时报》工作，成为无数美国新闻记者的职业梦想。

获得者中，《纽约时报》遥遥领先。进入《纽约时报》工作，成为无数美国新闻记者的职业梦想。

"议员必读"神话怎样诞生？

创办于1877年的《华盛顿邮报》同样也是诞生于19世纪"黄色新闻"盛行的年代。令这份报纸暴得大名的是"水门事件"调查。

"水门事件"是美国历史上最不光彩的政治丑闻之一，对美国以及整个国际新闻界都有着深远的影响。

在1972年的总统大选中，为了取得民主党内部竞选策略的情报，以美国共和党尼克松竞选班子的首席安全问题顾问詹姆斯·麦科德为首的5人，闯入位于华盛顿水门大厦的民主党全国委员会办公室安装窃听器，偷拍有关文件，当场被抓。

事件发生后尼克松一度竭力掩盖开脱，但《华盛顿邮报》的持续调查使尼克松政府里的许多人被陆续揭发出来，并直接涉及到尼克松本人，从而引发了严重的宪法危机。

后来，美国众议院决定由该院司法委员会负责调查、搜集尼克松的罪证，为弹劾作准备。1974年6月25日，司法委员会决定公布全部证据。迫于压力，尼克松不得不辞职，成为美国历史上首位辞职的总统。

从1972年6月17日詹姆斯·麦科德等5人闯入位于水门大厦的民主党全国总部开始，一直到1974年8月9日尼克松总统辞职，华盛顿邮报的两位记者鲍勃·伍德沃德和卡尔·伯恩斯坦对整个事件进行了持续跟踪报道。

■美国每一个参议员和众议员，不论他属于哪个党派，或持什么政治主张，每天早晨桌上都放着一份《华盛顿邮报》。

"水门事件"调查使《华盛顿邮报》成为美国历史上最有政治影响力的报纸之一。它批评政府，在法庭上打败政府，扳倒总统尼克松，几乎具有一言兴邦、一言丧邦的政治影响。在这一时期掌舵华盛顿邮报长达30年的凯瑟琳·格雷厄姆更是美国新闻界的传奇人物，被称作"新闻界最有权势的女人"。1974年，《华盛顿邮报》因对调查水门事件，获得普利策奖中分量最重的公众服务奖。

《华盛顿邮报》以调查性报道见长，它打的另外一个漂亮仗，就是接棒《纽约时报》，公布五角大楼文件，迫使美国改变越战政策。"五角大楼文件"和"水门事件"两大报道之后，使《华盛顿邮报》关注政治的传统得到强化，在美国政界发挥着重大影响。美国学者赫伯特·席勒《思想控制者》中说：美国每一个参议员和众议员，不论他属于哪个党派，或持什么政治主张，每天早晨桌上都放着一份《华盛顿邮报》[1]。

争持不下的议员为什么要听报纸的？

这是一个中国报业流传很广的细节：在《泰晤士报》大楼里，无论是总编辑室还是普通编辑的工作间，都挂着同一幅大照片——英国议员们在看《泰晤士报》。这是某一天，议员们围绕重大政策争执不休，突然有人说："先别争了，我们去看看《泰晤士报》的社评怎么说"，结果一看报纸，意见就统一了，政策顺利出台。《泰晤士报》俨然议员们的意见领袖。

■先别争了，我们去看看《泰晤士报》的社评怎么说。

作为英国最古老的严肃报纸，《泰晤士报》创办于1785年，在国际社会扮演着舆论权威的角色。

《泰晤士报》的在线电子版，每天40版，价格并不低廉，在发行量上也并非第一，但以刊登政治经济类消息和言论为主，历史悠久，读者群稳定，且多为社会中上层，注重报道的品位；其对国内外重大事件的报道和评论，不仅影响英国的舆论和决策环境，甚至辐射海外。

其政治报道来源可靠，注重平衡，聪明地避免了党派之争；就文字风格而言，业界普遍认为该报报道语气有力而谦和、优雅，是西方媒体的楷模。

■一份新闻纸，应该是时代的记录和对各种信息的忠实记录者。

作为一份严肃的政治类报纸，《泰晤士报》讲究独立性。创办者约翰·沃尔特在创刊词中曾满怀豪情地写道："一份新闻纸，应该是时代的记录和对各种信息的忠实记录者"，"在政治上，本报将不属于任何党派"。

对此，罗伯特·汤姆森（Robert Thomson）作为《泰晤士报》历史上第一位非英国籍总编辑曾在接受采访时也有过阐释，报纸的新闻版不应带有任何意识形态色彩，应比任何报纸都客观，"我不会成为小气的保守主义或偏执的自由主义"。

《泰晤士报》闻名于世，与报道克里米亚战争有关。当时，它派出记者进行亲历调查，真实报道了英国在克里米亚战争中的死伤和指挥不力，引起轰动和关注。此后，调查成为西方媒体新闻操作的重要手段。

■此后，调查成为西方媒体新闻操作的重要手段。

政论体现了《泰晤士报》作为严肃报纸的价值。高品位的政治新闻在该报永远是"保留曲目"。该报的政治报道内容详尽、权

---

① 辜晓进：《走进美国大报》，第102页，南方日报出版社，2004年11月第2版。

威、经得起推敲；与此同时，还会不惜血本做独家新闻，并看重调查性和预测性报道。

比如，2010年2月20日《泰晤士报》发表了一篇题为《普内尔退出内阁只为过“正常的生活”》的报道，通过简单回顾上年6月辞职的工党内阁就业与退休金大臣詹姆斯·普内尔辞职前后的言行，以及采访相关当事人对普内尔辞职的看法，梳理出该事件对当时工党内阁的影响，对即将进行的大选进行了述评性预测，颇受高端读者欢迎。

西方政治名记怎样群星璀璨？

■政治报道在西方大行其道，政治观察家型的记者群星璀璨。

正如门彻教授在其新闻学经典教材《新闻报道与写作》所讲，很多西方媒体和记者的主要兴趣在于政治报道和调查性报道。政治报道，一直是西方媒体新闻竞争的最重要武器之一。于是，政治报道在西方大行其道，政治观察家型的记者群星璀璨。

华莱士是美国电视新闻杂志栏目《60分钟》的记者和主持人。他曾在采访时，向邓小平讨烟抽，成为佳话。2000年，华莱士在北戴河采访江泽民。针对中国的民主状况、中美关系、李文和间谍案等诸多敏感问题，华莱士把他想问的都一一抛向江泽民。两人时而针锋相对，时而用幽默缓和气氛。

■法拉奇更是一曲已成绝响的传奇。很多政治家以接受她的采访为荣。

法拉奇更是一曲已成绝响的传奇。她对政治风云人物的专访，成就了她一生。很多政治家以接受她的采访为荣，但也有人害怕。因为她的采访单刀直入，咄咄逼人。1980年，她采访邓小平，问题令世界一震：据说，毛主席经常抱怨你不太听他的话，不喜欢你，这是否是真的?如何避免类似文化大革命那样的错误？毛主席纪念堂不久是否将要拆掉？当然，这些问题难不倒小平。

前几年的畅销书《世界是平的》作者托马斯·弗里德曼，是《纽约时报》专栏作家，也是著名的政治观察家。他对许多问题看法，很深刻，因而很有影响力。他曾经到广东，留下美好印象。回到美国，在《纽约时报》撰文，说他在从广州寄出的明信片上写道：“亲爱的爸爸妈妈，这个地方比我们从外面看到的有趣得多。我看到了渴望西方投资的风能和太阳能公司。这真是一台大戏……”网友们说弗里德曼在《纽约时报》为广东做了一个大广告，对他的广东之行给予高度评价。

许多的政治“名记”，因为对政治问题有独到的观察和深厚积累，纷纷转而从政。我曾专门收集了最近几年的资料，兹列举如下：美国广播公司（ABC）国会新闻记者琳达·道格拉斯协助奥巴马竞选美国总统，后被任命为美国卫生与人类服务部助理部长；美国《时代》杂志华盛顿分部负责人杰·卡尼，改任美国副总统拜登的新闻秘书；曾获专业奖项的《洛杉矶时报》记者彼特·戈赛林，转行做美国财政部部长盖特纳的首席撰稿人；《芝加哥论坛报》记者吉尔·萨克曼，也改任美国运输部部长拉胡德的新闻秘书。

"文人论政"怎获密苏里新闻学院奖章？

"《大公报》刊行悠久，代表中国报纸。"1941年5月，美国著名的密苏里新闻学院授予《大公报》新闻事业杰出贡献荣誉奖章。密苏里新闻学院在来函中还说，"《大公报》自创办以来之奋斗史，已在中国新闻史上放一异彩，迄无可以颉颃者。"这是新闻界很高的荣誉，中文报章获得世界性荣誉的只此一家，也仅此一次。此前东方国家获此殊荣的只有《朝日新闻》和《印度时报》。

■《大公报》自创办以来之奋斗史，已在中国新闻史上放一异彩，迄无可以颉颃者。

《大公报》获此殊荣，正值其鼎盛时期，即所谓"新记"时期。1926年9月吴鼎昌、张季鸾、胡政之合组新记公司，从创办人英敛之手中接办《大公报》。在英敛之提出的"忘己之为大，无私之谓公"的基础上，三人又拟定了五项原则：（1）资金由吴鼎昌一人筹措，不向任何方面募款；（2）三人专心办报，三年内不得担任任何有奉给的公职；（3）胡政之、张季鸾二人以劳力入股，每届年终，由报馆送于相当股额之股票；（4）吴鼎昌任社长，胡政之任经理兼副总编辑，张季鸾任总编辑兼副经理；（5）由三人共组社评委员会，研究时事，商榷意见，决定主张，轮流执笔。最后张季鸾负责修正，三人意见不同时，以多数决定，三人意见各不同时，以张季鸾为准。他们还提出了著名的四不社训："不党、不卖、不私、不盲"。

■忘己之为大，无私之谓公。

■不党、不卖、不私、不盲。

《大公报》发行量最初不足2000，但到1927年5月便突破6000，5年发行量后达到5万份，1936年突破10万份，成为全国的舆论中心。1928年东北易帜、1930年张学良拥蒋入关的重大新闻，均是《大公报》独家发布，一时风光无二。1937年11月，日军占领上海，要求在租界出版的《大公报》送检。《大公报》严辞拒绝，断然停刊。在停刊号上，社评《不投降论》说："我们是报人，生平深怀文章报国之志，在平时，我们对国家无所赞襄，对同胞无所贡献，深感惭愧。到今天，我们所能自勉，兼为同胞勉者，惟有这三个字——不投降。"读者无不动容。1943年，《大公报》重庆版

■我们是报人，生平深怀文章报国之志。

刊登实地采访通讯《豫灾实录》，真实报道河南灾区人民的悲惨生活，并配发了社评《看重庆念中原》，揭露国民政府在重庆花天酒地，河南饿殍遍野的事实。社评触怒了蒋介石，限令《大公报》停刊3天。

“批评即团结”怎样成为中共党报传统？

■邓小平在西北局机关报《党内通讯》所作的“关于新区工作问题的检讨”，至今读来仍让人喟叹不已。

“贫雇路线与实际有差距；新区干部准备不足，缺乏策略思想；新区工作没有注意团结百分之九十的人民群众，伤害了大部分人……”

1948年，时任中共中央中原局书记邓小平在西北局机关报《党内通讯》所作的“关于新区工作问题的检讨”，至今读来仍让人喟叹不已。

在这一年，《党内通讯》共出14期，刊发各类文章146篇，平均每期10篇，其中批评性报道33篇，平均每期2.4篇，自我批评性报道17篇，平均每期1.2篇。批评性报道和自我批评性类稿件占到了全年总报道量的37%。这些尖锐的批评性报道纠正了当时工作中的许多错误。[①]

众所周知，中国共产党在发展壮大的过程中，一直将批评性报道作为推动工作的重要方法广泛使用。批评性报道，也就成为中共党报的优良传统。

■党如此重视时政报道、尤其是批评性时政报道，一个重要原因就是，随着革命事业的发展，党需要管理的地域和党员干部规模越来越大。

1942年，毛泽东在《解放日报》改版座谈会上指出：“批评应该是严正的、尖锐的，但又应该是诚恳的、坦白的、与人为善的。只有这种态度，才对团结有利。冷嘲暗箭，则是一种销蚀剂，是对团结不利的。”[②]

党如此重视政治报道、尤其是批评性政治报道，一个重要原因就是，随着革命事业的发展，党需要管理的地域和党员干部规模越来越大。在当时交通、通讯不够便利的情况下，党报批评对提高党的组织性、纪律性十分必要。

1942年4月1日，《中共中央宣传部为改造党报的通知》中说，“党报要成为战斗性的党报，就要有适当的正确的自我批评，表扬工作中的优点，批评工作中的错误，经过报纸来指导各方面的工

① 李文、周杰：《论中共中央西北局〈党内通讯〉的批评性报道》，《新闻史研究》2009年8月号。

② 毛泽东：《在延安〈解放日报〉改版座谈会上的讲话》，中国人民大学新闻系编《中国报刊工作文集》（内部资料，1978年），第27页。

作[①]。”而作为《党内通讯》的上级领导机关，中共中央西北局在《关于解放日报几个问题的通知》中说，“各地党的组织，或党员个人，如受到《解放日报》上的批评时，均应于最短期间内以实事求是的态度，在这个报上作负责的答复，如果批评属实，则应说明所指点与错误发生的原因，及应如何改正的办法，否则该被批评的组织或个人，将要受到党纪的制裁。”[②]

如果属实，批评所涉及党组织或个人就应当向党报说明情况、交代整改方案，这对于维护党的纪律的严肃性起到了重要作用。

■在这里，政治学作为一门科学得到确认，而政治报道自然要在新闻传播规律和政治规律的双重规定下发展。

结语

梳理欧美主流大报对政治报道的成功操作，以及中国报纸政治报道的优良传统，我们可以形成若干规律性认识。

一、政治报道的独立性很强，政治记者们将政坛风云、政治生态当作与经济圈、娱乐场一样的报道对象进行关照，将政治人物当成娱乐明星一样追逐。在这里，政治学作为一门科学得到确认，而政治报道自然要在新闻传播规律和政治规律的双重规定下发展。法拉奇、华莱士等人的新闻生涯证明着这一点。大公报“不党、不卖、不私、不盲”的报训也令人肃然起敬。

■媒体的力量远比政府机构大得多，但我们正在浪费这种力量。

二、欧美政治报道的兴盛与其制度密切相关。比如，报道水门事件的伯恩斯坦有一句名言：“媒体的力量远比政府机构大得多，但我们正在浪费这种力量[③]。”《纽约时报》的前社论版主编雷恩斯说，从来不怕因发表社论遇到什么麻烦，从法律上讲，政府无权采取任何行动，他们最多是打电话或写信来表示不满[④]。当然这种自由也不是绝对的。正如《泰晤士报》总是聪明地在总体上和政府保持着合作，在法律的框架内实现新闻自由和舆论监督，是英国严肃报纸的首要特点。

■《泰晤士报》总是聪明地在总体上和政府保持着合作。

三、政治报道中都非常重视批评或者监督，注重新闻调查。水门事件、越战文件代表着欧美调查性政治报道的高峰。我国早期的报纸和党报也非常重视这一点。大公报对国民政府在重庆花天酒地的揭露，入木三分，激起民愤。我们的党报从一开始就重视批评，

① 《中共中央宣传部为改造党报的通知》，中国人民大学新闻系编《中国报刊工作文集》（内部资料，1978年），第77页。

② 中共中央西北局：《关于解放日报几个问题的通知》，见中国人民大学新闻系编《中国报刊工作文集》（内部资料，1978年），第79页。

③ 辜晓进：《走进美国大报》，第105页，南方日报出版社，2004年11月第2版。

④ 辜晓进：《走进美国大报》，第57页，南方日报出版社，2004年11月第2版。

■他们对政治都有深深的介入、独到的观察和准确的预见。

并以此加强和改进工作。

四、好的政治记者，一定是优秀的政治观察家。无论是法拉奇、华莱士，还是范长江、邵飘萍，他们对政治都有深深的介入、独到的观察和准确的预见，因而读他们的报道总能收获很大。

五、好的政治报道，一定是在深入调查、广泛采访的基础上，生动地进行新闻表达，因而独家性、权威性很强，往往成为被其他记者引用的新闻文献。

附一 >>

守与变：严肃大报的内容与渠道选择①

——读两本解密《华盛顿邮报》的书

【内容提要】

在报业的所谓冬天里，严肃大报对高端内容的坚守依然有意义。当然，同时要善于谋变，以最优的渠道选择实现内容销售的效益最大化。内容为王、渠道为王，不可偏废。《华盛顿邮报》的守与变，可以为国内有志经营严肃大报媒体人提供借鉴。

■议员必读，影响全球。

“（美国）每一个参议员和众议员，不论他属于哪个党派，或持什么政治主张，每天早晨桌上都放着一份《华盛顿邮报》。”美国学者赫伯特·席勒在《思想控制者》一书中写道。

无独有偶，在英国《泰晤士报》大楼里，无论是总编辑室还是普通编辑工作间，都挂着同一幅大照片——英国议员们在看《泰晤士报》。

议员必读，影响全球。创刊于1877年的《华盛顿邮报》，揭露水门事件导致尼克松总统下台，报道五角大楼绝密文件促成了越战结束，赢得广泛尊敬。

但在新的媒体大变局中，严肃大报腹背受敌：在传播内容方面，娱乐化、低俗化的浪潮裹挟着所谓的读者口味和广告利益汹涌而来；在传播渠道方面，互联网等新媒体发起冲击。传统报纸的发行、广告普遍下降，利空消息不绝于耳。

■在报业严冬，严肃大报的辉煌与梦想，是否真的永成追忆？

在报业严冬，严肃大报的辉煌与梦想，是否真的永成追忆？百年老报如何应对大变局？这些课题，值得中国媒体人研究。

近日，笔者读了《华盛顿邮报》前后两任总编辑写的两本有关该报的书：《最“危险”的总编辑》②、《美国人和他们的新闻》③。

---

① 这是返武汉大学学习，按要求写的课程作业（读书报告）。

② 中信出版社，2006年7月版。

③ 中信出版社、辽宁教育出版社，2003年4月版。

前者是本·布莱德利的精彩自传，他在1968年至1991年间担任《华盛顿邮报》总编辑，亲历五角大楼文件、“水门事件”报道，书中披露了大量重大历史事件鲜为人知的内幕细节，堪称《华盛顿邮报》巅峰时期的解密之作。

■对濒临灭绝的优秀新闻的调查报告。

后者是布莱德利的继任者、《华盛顿邮报》前任总编辑伦纳德·小唐尼，和该报另一位杰出记者罗伯特·G·凯瑟联合撰写的一份“对濒临灭绝的优秀新闻的调查报告”。以大量《华盛顿邮报》和其他美国媒体的新闻案例，剖析新闻业被机会主义和煽情主义笼罩的现状，对如今彷徨熙攘的国内新闻界，对当下浮嚣骄矜的媒体风尚，有很好的借鉴和警示作用。

研读这两本总编辑的好书，再进一步检索一些这两年业界有关《华盛顿邮报》的最新报道和研究文章，我的思考也逐步深入。在媒体大变局中，内容与渠道的守与变，始终是一个大课题，需要平衡解决，不可偏废。

■在空前繁荣和安全的时代，美国人宁取娱乐，而不喜欢接受严肃、优秀的新闻。

内容：严肃大报的坚守

水门事件、披露五角大楼文件这两组经典报道，铸就了《华盛顿邮报》的严肃大报辉煌，成为媒体神话。但如今，她的读者正在流失。

伦纳德·小唐尼忧虑地在书中说，在空前繁荣和安全的时代，美国人宁取娱乐，而不喜欢接受严肃、优秀的新闻。①

1990年代，对于美国新闻界是不愉快的10年。无聊的话题经常取代更重要的题材，名人成为比总统更重要的新闻制造者。政府、政治、国际报道和其他对人民日常生活非常重要的新闻在很大程度上被犯罪报道、天气预报、健康指南、客户投资以及其他被认为观众更感兴趣的日常生活信息所取代。

■当自己的利益处于危险边缘时，他们仍然需要优秀的新闻，告诉他们一个真实而深刻的世界。

许多美国从业者认为传统的新闻价值观受到了严重的损害。一个重要的表现是：新闻被当作娱乐，娱乐被当作了新闻。2000年的总统选举给不断严重的“新闻”和“娱乐”混淆的现象提供了一个新的教训。用丑闻和名人来迎合大众的口味，为媒体带来商业上的回报。

直到2001年9月11日恐怖袭击，才重新唤起美国人对严肃新闻的兴趣。他们发现，当自己的利益处于危险边缘时，他们仍然需要优秀的新闻，告诉他们一个真实而深刻的世界。小唐尼由此感叹：新

①《美国人和他们的新闻》第11页。

闻的未来还是有光明的，尽管很崎岖。

他们面临的压力，也正在困扰着中国媒体人。

新闻娱乐化的趋势，在更为深刻地侵蚀和影响着中国新闻界。报纸、电视争相刊播涉及暴力、性、犯罪、流言蜚语、猎奇等“黄色新闻”，以迎合一些读者的低级趣味。低俗新闻，形成一种风潮。在这种世界性的小报化风潮中，《华盛顿邮报》坚守高品位和高格调的经验，尤其值得中国媒体思考和学习。

■将《华盛顿邮报》由一份普通报纸发展成全国著名的国家公器

这种坚守，是有精神传统的。除了举世闻名的一代报业女杰、2001年逝世的该报集团董事会主席凯瑟琳·格雷厄姆——她被竞争对手《纽约时报》称为“曾将《华盛顿邮报》由一份普通报纸发展成全国著名的国家公器，同时也使自己由一位害羞的寡妇变为出版界奇人”——的巨大作用，其实她父亲尤金·迈耶留下的报训影响更为深远。

1933年尤金·迈耶以82.5万美元买下濒临破产的《华盛顿邮报》。尽管他是那个时代最成功的投资家之一，但在此后21年中，《华盛顿邮报》一直处于亏损状态。对于今天多数媒体老板来说，迈耶的态度也许有些古怪。但这种态度历经了三代，他的女儿凯瑟琳·格雷厄姆，他的外孙唐纳德·格雷厄姆，而仍然得以保持。他们致力于让《华盛顿邮报》“讲事实——可以确定的事实”。

■在追求事实的时候，如果为了公众利益而必须做的话，报纸应该准备牺牲其他的自身物质利益。

迈耶明确地把公众利益置于其他利益之上。他在1934年写道“在追求事实的时候，如果为了公众利益而必须做的话，报纸应该准备牺牲其他的自身物质利益。”《华盛顿邮报》公布五角大楼文件，并追踪水门事件时冒的就是这样的风险。

其实，五角大楼文件的最先披露者不是《华盛顿邮报》，而是《纽约时报》。但在《纽约时报》遭遇了法院禁令、不得继续刊登这一绝密文件时，《华盛顿邮报》以巨大的勇气，顶风接棒，继续刊发文件内容，并向法院申诉，终于取得最后的胜利。

■好吧，就这么办！刊登吧！

布莱德利记录了那个艰难的抉择：他一个电话打到报纸发行人凯瑟琳家细陈利弊，请她定夺。当时《华盛顿邮报》刚进入上市程序，一旦发表这一已经被暂停发表的文件，公司有可能收到联邦政府的严厉惩罚以至影响上市。编辑记者们都希望刊发，但公司的律师们建议观望，他们担心此举危及整个公司，包括报纸、杂志、广播和电视。他一直记得凯瑟琳喘了一大口气说，“好吧，就这么办！刊登吧！”①

①《最“危险”的总编辑》第204页。

他说，我们珍惜《华盛顿邮报》在报道水门事件上享有的荣耀。记者就是应该去寻找那些能够影响大多数人的重大题材。改变历史的机遇将成为沉重不堪的负担，如果你没有足够的勇气去抓住这个机遇。幸运的是《华盛顿邮报》抓住了这次机遇。

伦纳德·小唐尼在《美国人和他们的新闻》说的两段“大话”，犹如洪钟大吕，值得中国新闻界细心聆听：

■追求优秀新闻的时候，我们面临的障碍是自身的极限。

——“我们从未经历过这样的事情：被命令作出妥协，对我们的新闻报道做修饰以追求更高利润，为迎合受众以增加发行量或售出更多的广告，而这在很多其他报纸司空见惯。在追求优秀新闻的时候，我们面临的障碍是自身的极限，而不是商业利润或老板的政治倾向。在《华盛顿邮报》，利润确实重要，它为创造优良的新闻事业支付着不断增长的成本，但是新闻本身更重要。”①

——“独立、进取的新闻业，可以加强国家的民主制，改善居民的生活，检查掌权者是否滥用职权，支持社会的弱势人群，促进彼此联系，为我们提供教育和娱乐。新闻关系着一切。”②

■新闻关系着一切。

“新闻关系着一切。”有些箴言是注定要被反复铭诵的，尽管我们还在路上，尽管点滴的进步也要付出巨大的代价。

尤其是中国的党报，既要改革陈腐的面貌，又要坚守严肃的高品位，难度非常大。

如何改进党报的宣传报道，这十几年来大家都在不断摸索，中间有一段时间，有人提出要“软些软些再软些”，试图以社会新闻、明星绯闻来增加党报的可读性，从而走进千家万户。由于党报的性质和它所承担的任务，要完全做到这一点不可能，也不可取。特别是在先有晚报、后有都市类报纸的市场冲击下，就是想以此取胜也难以做到了，反而愈加显得苍白和尴尬，进退失据，左右为难。

■在先有晚报、后有都市类报纸的市场冲击下，就是想以此取胜也难以做到了，反而愈加显得苍白和尴尬，进退失据，左右为难。

在此情况下，南方日报经过一段时间的调查和探索发现，党报的自身优势恰恰在于权威性、公信力，在于时政新闻、经济新闻和权威的政策解读，独到的视角、独特的思考和独特的观念，才是高人一筹、赢得读者、赢得市场的立身之本。南方日报提出一个响亮的口号：高度决定影响力③。

高度，指的是做主流新闻，更权威、更有高度和深度。而影响力，则来自主流新闻所吸引的主流读者，即影响到有影响力的人

①《美国人和他们的新闻》第14页。
②《美国人和他们的新闻》第14页。
③ 杨兴锋：《高度决定影响力》，南方日报出版社，2004年5月版。

群，进而增强报纸的核心竞争力。从2002年8月以来，报纸进行了7次大规模的改版，以“权威必读”打造“政经媒体”，引领了中国党报的风潮。

■以“权威必读”打造“政经媒体”

目前，南方日报在政治报道方面正在进行艰难的探索。正因为政治报道严肃、权威，所以其业务创新难度更大。一般认为，政治报道的创新是党报业务改革最难、最后的环节。政治报道改革的成败，直接关系到党报业务创新的成败，直接关系到党报走市场的成败。

作为党报的核心业务单元，政治报道必须回答三个问题：

面对都市类、市场类媒体的强势挤压，报道理念与经营手段如何变革，成为党报走市场的助推器，而不是阻力？

融媒时代，整合为王，政治报道业务链如何延长，成为党报报道优势到竞争优势的转化器？

媒体变局，不进则退，政治报道如何科学谋变，提早布局，成为党媒产品新增长极的孵化器？

当好助推器、转化器、孵化器这三个角色，是我们必须认真思考和探索的，必须不断向实践寻求智慧。

谋变：融媒时代，内容依然为王

去年底，两则关于《华盛顿邮报》的报道，喜忧参半，不得不令人关注。

一则是坏消息：随着新兴媒体的日益崛起，《华盛顿邮报》的广告收入急剧下降，发行量也在大幅下降。为了维持生存和节省开支，《华盛顿邮报》在2009年12月31日之前，关闭其在芝加哥、洛杉矶、纽约等华盛顿之外的大部分分支新闻机构[①]。

《华盛顿邮报》执行总编马库斯·布劳奇利在写给职工的备忘录中称：“在资源有限和竞争压力日益增加的情况下下，我们很有必要集中资源，集中于报道华盛顿本地新闻，集中于报道有关美国和华盛顿的政治、政策以及政府的信息、趋势以及观念。我们将一如既往地覆盖国家大事，也会向这些领域加派记者。”

■将一如既往地覆盖国家大事，也会向这些领域加派记者。

另一则也许是好消息：《纽约时报》、《华盛顿邮报》与谷歌公司携手推出新产品—— Living Stories （鲜活故事）[②]。具体方式是由谷歌提供技术平台，将《纽约时报》和《华盛顿邮报》的新闻进行整合，并根据新闻事件划分成不同的专题，这样在每一个新

① 路透社2009年11月24日报道。

② 美联社2009年12月8日报道。

■对新闻事件有一个更加连续性的关注

闻专题中，网民可以看到不断更新的新闻，从而对新闻事件有一个更加连续性的关注。

这两则消息反映的是同一个课题：在互联网、手机等新技术、新媒体冲击下，传统报业发行、广告下滑趋势难以遏制，如何应对大变局？

不能被动的慢性死去，而要主动谋变，拥抱新技术。这是《华盛顿邮报》等大报的选择。

《华盛顿邮报》的一个招数是发展自己的在线电子版，年轻读者上网读报已成风气。据其2009年三季报中，来自在线出版的收入（主要是www.ashingtonpost.com的收入）增长了13%至3080万美元。尽管对比《华盛顿邮报》过亿的收入，在线业务仍较少，但总算留下了一个光明的悬念。

而另一个招数——和《纽约时报》、谷歌公司携手推出新产品——则更值得深思。它提供了两个启示：

■这是一个融媒时代，纸媒要主动作为。

首先，这是一个融媒时代，纸媒要主动作为。

《华盛顿邮报》、《纽约时报》与谷歌的联手，预示着一种新的媒体合作模式的出现。两大报通过全球最大的搜索引擎谷歌，把经过整合处理的新闻以全新呈现方式推给网络受众，这将极大地拓展两大报的影响力和受众覆盖面，正如谷歌所认为的，“鲜活故事”能够帮助报业适应从人们不再订阅印刷品而到网上获取新闻的转变。

深度媒体融合已经将网络的互动传播手段与传统媒体的内容融而为一，媒体间的界限逐渐模糊，媒体终端可以实现的功能逐步强大。深度媒体融合将带来新闻源结构与新闻传播主体、新闻媒体组织结构与工作流程、新闻载体与新闻传播方式的巨大变化，将呈现为介于传统媒体与现有网络媒体之间的“第三种传播样式”。

第二，“内容为王”，依然是纸媒的核心竞争力，是开展全媒体战略的“底牌”。

■人人都用搜索引擎的时代

在一个几乎人人都用搜索引擎的时代，媒体将从“内容为王”转向“渠道为王”的论调曾一度甚嚣尘上。但是随着新媒体自身的成熟和传统媒体应对能力的增强，“渠道”变得越来越多，要想在激烈的“媒体战”中脱颖而出，“内容”仍将是生存和发展的不二法宝。

优秀的报纸在长期的积累、调整和发展过程中，建立起了专业的采编队伍和成熟的报道机制，这是新媒体无法比拟的优势。相对网络上海量但是往往比较粗糙的信息而言，报纸在有限版面上提供的报道是经过筛选和深加工的，这些精选出的内容在任何时候都为读者所喜闻乐见。

谷歌为何选择与《纽约时报》《华盛顿邮报》合作？就是看中了这两大百年大报的内容制作能力和权威品牌效应。这再次证明了纸媒“内容为王”的重要性，也是与新媒体合作可以讨价还价的真正筹码。

■“报纸消亡”指的是纸质报纸的逐渐减少和最终淡出，而非报纸所有形式的消亡。

事实上，连提出“报纸消亡论”的美国学者菲利普·迈耶也一再澄清：“报纸消亡”指的是纸质报纸的逐渐减少和最终淡出，而非报纸所有形式的消亡。他还开出药方，打造“精英媒体”，主要用于刊登分析和调查性报道，并且瞄准受过良好教育的有“新闻瘾”者①。不论是今天还是明天，报纸的报道方式和内容依然对读者和社会具有重要的意义，“内容为王”的魅力会令报纸的灵魂永远存在。

■“内容为王”的魅力会令报纸的灵魂永远存在。

所以，在融媒时代，报媒不应妄自菲薄，依然不能放弃自己的核心业务——内容制作，反而要更加突出原创性、深度性和权威性。

简言之，“渠道”和载体总在会变，但“内容为王”不变。纸媒要向新媒体叫板或展开合作，内容制作依然是核武器。

坚持内容为王，加快渠道融合，打造全媒体语境下的资讯和观念权威提供者。守与变，不可偏废。这就是《华盛顿邮报》对当下中国严肃报纸尤其是党报改革的启发。

参考书目：

1. 本·布莱德利：《最“危险”的总编辑》,中信出版社，2006年7月版

2. 伦纳德·小唐尼、罗伯特·G·凯瑟：《美国人和他们的新闻》，中信出版社、辽宁教育出版社，2003年4月版

3. 杨兴锋：《高度决定影响力》，南方日报出版社，2004年5月版

4. 喻国明：《传媒变革力》，南方日报出版社，2009年5月版

5. 辜晓进：《走进美国大报》，南方日报出版社，2004年11月版

① 王群超：《如何解读和应对“报纸消亡论”？》，《新闻与写作》，2009年第1期。

附二 >>

世界文化霸权体系与“中国话语权”的护持①

——读萨义德的《东方学》与《文化与帝国主义》

【内容提要】

■他们无法表述自己，他们必须被别人表述。

马克思在《路易·波拿巴的雾月十八日》中说：他们无法表述自己，他们必须被别人表述。爱德华·萨义德在《东方学》开篇即引用这句话，揭示着东方民族（近东、中东，在《文化与帝国主义》又延伸至非洲、印东、远东部分地区）无法或者不能有效表述自己的悲剧，以及欧美强权国家垄断国际文化霸权的不公。《文化与帝国主义》延续着这一批判。由此切入，中国必须加强国际上“中国话语权”的护持。

本文通过梳理萨义德的《东方学》与《文化与帝国主义》两本书的观点、理论逻辑和研究方法，将关注的焦点置于世界文化权力体系的问题，认为构建本文明“中心、先进”其他文明“边缘、落后”的文化结构是各个文明的习惯，正是这一个个的文化结构共同塑造了世界文化权力体系，进而提出了中国如何护持自己的话语权的问题。

■在全球化纵深推进的深刻背景下，中国如何营销自己的形象，为发展营造更好的国际环境？

一份调查报告显示，国际舆论中的中国国家形象并没有因为奥运会的成功举办而发生根本性的好转②。在全球化纵深推进的深刻背景下，中国如何营销自己的形象，为发展营造更好的国际环境？在西强我弱、西方垄断话语霸权的舆论格局下，中国如何争夺话语权，更好地表述自己？

作为当今世界极具影响力的文学与文化批评家，美国学者爱德

① 这是返武汉大学学习，按要求写的课程作业（读书报告）。

②《对外传播》，2008年第8期。

华·萨义德的两本相互关联的书——《东方学》和《文化与帝国主义》，为我们思考这些问题提供了很好的视角。

话语、文化与西方文化霸权

从《东方学》到《文化与帝国主义》，萨义德构建了一套被称为“后殖民主义理论”的思想体系，从而揭示了帝国主义维系其传统殖民主义活动的文化密码。西方国家正是通过对“西方”与“东方”形象的构造与营销构筑了一个文化霸权体系。

■霸权是一种必不可少的统治形式

文化霸权的概念是葛兰西在上世纪30年代提出的，用来描述文化的政治功能。葛兰西创建性地指出，文化霸权是一种必不可少的统治形式，统治阶级要统治市民社会，就必须借助知识分子和文化机构，使自己的伦理、政治以及文化价值成为普遍接受的行为准则，使“广大人民群众‘自由’同意统治集团所提供的社会生活方式”[①]，也即获得文化霸权。这样葛兰西就否定了西方传统的文化与政治、权力无涉的论点。而萨义德从《东方学》到《文化与帝国主义》所构筑的后殖民主义理论有所不同，是揭露现实文化、知识结构中的文化霸权。

（一）《东方学》与话语权力体系

■由西方所构造的意念中的“东方”

在《东方学》中，萨义德将研究对象确定为西方所谓的“东方学家”、诗人、小说家、哲学家、政治理论家和经济学家等（他们包括雨果、福楼拜、但丁等）作出的有关“东方”的陈述、关于“东方”的各种复杂的观念组合，以及一切有关“东方”的话语背后的权力关系。研究的是欧洲文化“以政治的、社会学的、军事的、意识形态的、科学的以及想象的方式来处理——甚至创造的东方”[②]，这个“东方”不是自然意义上的“东方”，它是话语层面上的东方主义。他研究的正是这种由西方所构造的意念中的“东方”以及这种意念自身运动的动力。

萨义德在阐述整个理论前，给理论做出了几点“限定性说明”[③]。首先，他研究东方学的目的主要不是为了考察东方学与东方之间的对应关系，而是为了考察东方学的内在一致性以及它对东方的看法。其次，必须研究西方与东方之间的力量关系，或更准确

① 【意】安东尼奥·葛兰西：《狱中札记》（葆煦译），北京，人民出版社，1983年版，第423页。

② 【美】爱德华·萨义德：《东方学》（王宇根译），北京，三联书店出版社，2007年版，第5页。

③ 同上，第7-9页。

■东方学的结构绝不仅仅是一种谎言或神话的结构

地说，他们之间的权力结构、观念、文化和历史，使西方与东方之间存在着一种权力关系、支配关系或霸权关系；再次，东方学的结构绝不仅仅是一种谎言或神话的结构，因为它是被人为创造出来的理论和实践体系，经历了长期的历史沉淀，早已形成凝固的观念体系，这比谎言更可怕。

进而，萨义德区分了三种东方主义。第一个是学术上的东方主义，又称东方学。持续数百年的海外殖民，刺激了东方学的成熟，从表面上看，它是西学的一个分支。然而其中渗透了殖民者的偏见与狂妄，世界处处烙着西方中心的印迹。比如近东、中东和远东的概念，这就是顺着欧洲征服者的目光，由近及远，逐个排列的。第二个是作为思想方式的东方主义。它的特点是从西方哲学的本体论、认识论出发，将东西方文化一刀两断、对立看待，借此形成一条根深蒂固的“西优东劣”的原则。在此基础上，杜撰出一套张扬其征服业绩、知识意志的话语体系。在萨义德看来，这些人其实对东方，主要是中东地区知之甚少，全靠主观臆断。顺着西方文艺发展的脉络，萨义德逐个解析了但丁、歌德、伏尔泰等人，来论证他们普遍接受东西方概念区分，进而做出种种有关东方的精细理论、史歌、小说、社会描述和政治研究。第三是作为权力话语方式的东方主义，就是福柯发现的话语权力系统，或一种兼有政治、经济、文化压迫功能的全球网络。他认为这种东方主义无处不在、难以察觉。我们只能凭借话语分析，对其层层剥离，以暴露其历史根源与物质性。

■东方主义无处不在、难以察觉。

之后，萨义德将全部关注的焦点聚集到了作为权力话语方式的东方主义之上，即作为表述的表述，而不是作为对东方的“自然”描写的表述之上[①]。因为他希望指出传统东方主义概念无法显示甚至掩盖了的几个方面。首先是东方主义的自足性。他认为，东方主义是一个自我衍生发展的统一系统，不受个人的支配，虽然东方主义由人类意识和实践构成，从表面看是人为的，但它有自己的统一规则，即便它最忠诚的参与者也无法描述清楚。为了更清楚地阐释这看似矛盾的两个方面，萨义德将东方主义分为隐伏的东方主义与显在的东方主义两个部分：前者是关于东方的思想、信念、习惯用语或知识的体系，具有体现自身的统一性，保存着不随社会变化而变化的有关东方的观念，如东方的怪异、落后、麻木、懒惰等；显在的东方主义则是表述出来的对东方的各种看法，包含不同的形式与

■东方主义的自足性

①【美】爱德华·萨义德：《东方学》（王宇根译），北京，三联书店出版社，2007年版，第28页。

个人风格。他认为，“有关东方的知识中所出现的任何改变都几乎无一例外地可以在显在的东方主义中找到；而惰性、稳定性和持续性则或多或少地永远存在于隐伏的东方主义之中”[①]，萨义德所评析的则主要是隐伏的东方主义。

■就会有一个全能的定义机制作为唯一适于讨论的手段

揭示东方学的自足性是为了说明东方主义的自我衍生发展特点来自其领域本身的特性，东方主义并不是一个客观的知识体系，不是一个在文化、学术或研究领域中所被动反映出来的政治性对象或领域；不是有关东方的文本的庞杂集合。它是地域政治意识向美学、经济学、社会学、历史学和哲学文本的一种分配[②]。这种自足性意味着东方主义已经制度化了，这种制度化对个人产生了制约作用。事实上不论支持还是反对殖民主义与殖民主义偏见的人，当他们借助东方主义提供的话语——词汇、对象、风格等——描述东方时，就会有一个全能的定义机制作为唯一适于讨论的手段出现……这一机制尤其有效地作用于可能与其相对的个人经历。

至于作为话语的东方主义的第二个特性便是政治功能。借助是福柯的权力概念，萨义德认为不仅东方主义的产生和西方帝国主义殖民事业密切相关，而且正是西方的文化霸权给东方主义以权力和生命力，东方主义“是在与不同形式的权力进行不均等交换的过程中被创造出来并且存在于这一交换过程之中的，其发展与演变在某中程度上也受制于其与政治权力、学术权力、文化权力、道德权力之间的交换”[③]，其结果，是使所有关于东方的所谓的“客观”知识都混杂了政治因素，使东方主义不但成为一个文化的事实，而且也是一个政治的事实。除此之外，东方主义也在很多方面直接或间接为帝国主义服务，是帝国主义实现文化、政治、军事上的殖民统治的一个因素，其途径之一便是制约个体西方人对东方的认知方式、态度与观点。在当代，东方主义者更直接地参与政府活动，把有关东方的知识直接用作政治工具，将自己视为西方文化的代理人。揭示出东方主义与政治的密切关系是萨义德的重要贡献。

■不仅东方主义的产生和西方帝国主义殖民事业密切相关，而且正是西方的文化霸权给东方主义以权力和生命力。

对于东方主义的政治功能，萨义德强调从话语的角度来进行分析。福柯的话语理论反对那种把语言视为清澈透明的媒介，可以将事物的本质一成不变地表现出来的肤浅看法。解构主义理论家德里达也认为，西方世界绵延了两千年的形而上体系事实上完全植根于

① 【美】爱德华·萨义德：《东方学》（王宇根译），北京，三联书店出版社，2007年版，第262页。

② 同上，第16页。

③ 同上，第16页。

语言的推衍，是语言“创造”了西方的知识系统。萨义德吸收了他们的思想和研究方法，并进一步发展了这一理论，指出人类身份不仅是自然的与恒定的，而且是人为构造的，有时甚至纯粹是创造出来的。东方主义话语中的东方，尤其是这一东方概念所包含的东方思维、东方风格、东方生活等，与其说是对显示东方的描写，还不如说是与现实东方毫不相干的、由东方主义话语构造出来的可流通的文化产物，是由一系列力量规范着的再现体系。

■真正的亚洲则处于沉默、被叙述的地位。

萨义德认为作为东方话语产物的东方主义，始终是欧洲在为东方说话，把东方纳入到西方意识与西方帝国，真正的亚洲则处于沉默、被叙述的地位。在书中，萨义德描述了东方主义的几种主要统治策略：首先是东方与西方的认为划分与对立。萨义德从话语入手指出，认为每种文化的发展与维持都需要一个对应且对立的“第二自我”，正如理性需要疯狂、权力需要犯罪，西方也需要东方，这是因为对自我的肯定往往是通过对“他者”的否定与求异来完成的。正因为如此，每个时代与社会都重建它的“他者”，把亚洲定义为西方的对立面，尤其把西方的强大与东方的软弱，西方的理性与东方的直觉，西方的文明与东方的野蛮相对照，这是东方主义的基本策略。正是“东方”与“西方”的简单划分，使得东方主义可以以高等文化的身份“合理地、科学地”研究东方，并且以东方问题权威的身份代表东方说话。其次，将东方抽象化与文本化。萨义德说的文本是广义的，并不一定要用文字将东方记录下来，而是指以东方为对象建立一个有规则的知识体系，在这一过程中，体系的构造者往往运用选择、比较、描述、分类等方式将纷繁复杂的东方现实转变为完全可以消化的东西。他认为，虽然把完全陌生的事物体系化、条理化是人类思维的自然倾向，但它总不可避免地伴随着一个更有害的后果，那就是它改变甚至歪曲了原来的事物。

■萨义德把东方主义的运作策略概括为“再现”或“解说”。

萨义德把东方主义的运作策略概括为“再现”或“解说”，并且指出在东方主义中，正是“再现”这一策略传递并强化了东方主义的权力网络。首先，把东方主义从沉默中拉出来，对东方加以设计、想象与描述这些再现行为本身就是东西方文化力量不均衡的结果；其次，无论把东方文本化还是依据个人需要阐述东方都属于创造者的特权，东方主义可以庆祝他作为创造者所拥有的手段与地位；此外尤为重要的是，通过东西方的简单划分，通过对东方加以分类、阐释，东方被从一个“桀骜不驯的敌手”转变为“温驯的伙伴”[①]：一方面东方由于成为西方可以自由支配的话语而无法与西方

①【美】爱德华·萨义德：《东方学》（王宇根译），北京，三联书店出版社，2007年版，第120页。

平等；另一方面，东方主义用文本化的东方取代现实的东方，其结果是将现实的东方排斥在西方秩序之外，东方的反抗力量仅被当作与西方文化毫不相干的“东方特性”、“东方风格”而受到抑制。

■用文本化的东方取代现实的东方，其结果是将现实的东方排斥在西方秩序之外。

在全书的最后以及2003年版的序言中，萨义德讨论了应该如何表现其他文化的问题。他认为那些把人们驱赶到诸如“美国”、“西方”或“伊斯兰”这类只有虚假的统一性的大标题下的做法不能继续大行其道。可供我们利用的是作为人文主义教育遗产的理性阐释技巧，那种作为对世界性的世俗理性话语的积极实践[①]。他否定亨廷顿的“文明冲突论”以及福山的“历史终结论”。认为“文化是杂生的、多样的，各种文明是彼此相互联系、相互依赖的”[②]。“我们需要的是聚精会神于相互交叠的文化间的慢慢合作，这些文化以远为有趣的方式彼此借鉴、共同生存，绝非任何删繁就简的虚假理解方式所能预想。”[③]

（二）文化与帝国主义霸权的建构

在《文化与帝国主义》一书中，萨义德开宗明义：“在这本书中，我将试图扩充《东方学》的观点，对现代西方宗主国与它在海外的领地的关系作出更具普遍性的描述。[④]”他说“两种因素——世界范围的帝国主义文化和历史上对帝国主义的反抗，使得本书不仅仅是《东方学》的续篇。”[⑤]

如果说，在《东方学》中，萨义德还主要拘泥于福柯的研究模式，试图通过对伪知识体系的揭示来探讨文化与帝国主义的关系的话，那么到了《文化与帝国主义》，他则在一定程度上放弃了考据学式的批判方法，把文化与帝国实践直接联系了起来。他将文化分为两重意思，第一重指的是描述、交流和表达的艺术等活动，这些活动独立于经济、社会和政治领域，通常以美学的形式而存在，主要目的之一是娱乐；第二重意思是文化这个概念很微妙地包含了一种使人美好、高尚的东西，每个社会中被认为最优秀的因素，在某个时候，文化积极地与民族或国家联系在一起，从而有了“我们”和“他们”的区别，而且有的时候是带有一定程度的排外主义的，文化从而成为“身份”的来源。在这种意义上的文化成为了一个舞

■把文化与帝国实践直接联系了起来。

① 【美】爱德华·萨义德：《东方学》（王宇根译），北京，三联书店出版社，2007年版，第8页。

② 同上，第447页。

③ 同上，第8页。

④ 【美】爱德华·萨义德：《文化与帝国主义》（李琨译），北京，三联书店出版社，2007年版，第1页。

⑤ 同上，第2页。

■欧美文化中的欧洲中心主义使帝国成为可能

台，各种政治、意识形态的力量都在这个舞台上较量[①]。他认为，是欧美文化中的欧洲中心主义使帝国成为可能。从该意义上说，文化成为了帝国主义物质基础中与经济、政治同等重要的决定性因素。

萨义德主要将文学、尤其是小说这一世界性的文化形式作为切入点来研究文化与帝国主义的关系。他认为小说对于形成帝国主义态度、参照系和生活经验极其重要[②]。以小说为体裁的叙述，或者阻止他们叙述的形成，对文化和帝国主义的概念是非常重要的，而且是构成了二者之间主要的纽带之一。萨义德说，他的基本观点就是，故事是殖民探险者和小说家讲述遥远国度的核心内容，也成为殖民地人民用来确认自己的身份和自己历史存在的方式。帝国主义的主要战场当然是在土地的争夺上，但是在关于谁曾经拥有土地，谁有权力在土地上定居和工作，谁管理过它，谁把它夺回，以及现在谁在规划它的未来，这些问题都在叙事中有所反映、争论甚至被故事所决定[③]。他认为，小说与帝国权力的联系主要存在于小说的空间叙述中。他发现现当代欧洲小说，尤其是英法美三国小说中大量存在描写地理空间、特别是海外世界的现象，而且小说家常把宗主国的发展、主人公的境遇变迁与远处或边缘某个地区联系在一起，他指出，这些空间所指的是与帝国态度——统治、占据、利益、强化、适者生存等——紧密联系在一起的，小说正是通过这一空间来培养、传播帝国的思想，影响帝国历史的形成与发展。

■故事是殖民探险者和小说家讲述遥远国度的核心内容，也成为殖民地人民用来确认自己的身份和自己历史存在的方式。

萨义德在书中不仅批判了帝国主义文化，而且使原本沉默的殖民地文化获得了声音。在这里，萨义德将殖民地与前殖民地的文化反抗分为两个阶段：一个是民族主义者的反帝国主义阶段，一个是自由主义者的反帝国主义阶段。民族主义者的反帝国主义文化以两个观念为基础：西方民族与非西方民族、西方文化与非西方文化是绝对对立的，反帝国主义就是本民族的人民和文化反对西方人和西方文化，而民族解放就是恢复纯粹的本民族身份与文化，排除一切西方因素，建立埃及人的埃及，非洲人的非洲，印度人的印度。但是他同时认为仅仅用一种文化取代另一种文化，或者消灭另一种文化并不能使人类彻底摆脱文化霸权。如果不将民族意识转向人道主义，那么霸权体系仍将在独立后的世界文化之间继续存在。因为殖民的文化与被殖民者的文化，统治文化与被统治的文化不是彼此

■如果不将民族意识转向人道主义，那么霸权体系仍将在独立后的世界文化之间继续存在。

① 【美】爱德华·萨义德：《文化与帝国主义》（李琨译），北京，三联书店出版社，2007年版，第2-4页。
② 同上，第2页。
③ 同上，第3页。

独立、互不相关的，相反，它们相互联系、相互依赖，有着重叠的文化空间。这不仅因为一个文化总是需要它的对立面、否定者，因此从总体上说一切文化都不是绝对地纯粹单一，而是混质的、多元的，包含着它的对立面，否定者的；而且因为帝国主义的世界扩张也是帝国主义者与他的对手在同一个领域斗争、争夺同一个历史的过程，因此在帝国问题上，殖民者与被殖民者的历史与文化是相互交叠的。

■一个文化总是需要它的对立面、否定者。

而到了反帝国主义文化的第二个阶段——自由主义者的反帝国主义阶段，萨义德认为后殖民理论家应该坚持多元文化的立场，并且把这一立场视为摆脱文化霸权的有效途径。他认为多元文化既坚持各文化的独立与平等，又强调文化间的交流与合作；既承认构成世界文化的各种文化相互影响，又反对一切文化敌对与文化压制。在书的后半部分，萨义德为这一多元化理念设立了一个没有权威、没有中心与边缘、不存在任何特权位置的空间，在这个空间中，各位置点平等地表达自己的思想，并与其他声音对话。

他认为虽然民族主义文化有重建新权威的危险，但正如从民族主义向自由主义过渡对于与人类的解放来说是必需的一样，民族主义的斗争与民族主义文化建设对多元文化也是必需的。

如果说《东方学》仅是揭露了帝国主义殖民统治的文化密码的话，《文化与帝国主义》则在破与立两个方面提出了自己的创见。

■这样的“自我”与“他者”的文化建构逻辑在各个文明内都存在。

世界权力体系下文化的作用

萨义德的以上两本巨著都直指一个话题：出于凝聚西方文明的价值共识，塑造西方文明身份的需要，西方世界构筑了一个自我编织的文化世界，在这个世界中，西方是文明的、先进的、中心的，而其他文明是愚昧的、落后的、边缘的。这样的一种文化结构框住了西方的文学创作谈论世界，尤其是非西方文明的思维疆域。

但依作者来看，这样的“自我”与“他者”的文化建构逻辑在各个文明内都存在，不仅限于西方文明，这可能是“文明政治的悲剧”。

■除非我们憎恨非我族类，我们便不可能爱我族类。

在迈克尔·迪布丁的小说《死亡环礁湖》中，曾经有这样的一段话：“如果没有真正的敌人，也就没有真正的朋友。除非我们憎恨非我族类，我们便不可能爱我族类。①”对于那些正在寻求认同和重新创造种族性的人们来说，敌人是不可少的，而潜在的最危险的

① 【美】塞缪尔·亨廷顿：《文明的冲突与世界秩序的重建》（周琪等译），北京，新华出版社，2002年版，第4页。

■如果我们看一看不同国家的世界地图就可以发现，每一个国家都想把自己摆在世界地图的中央，表明自己是世界的中心。

敌人会出现在世界主要文明的断层线[1]。可以说，文明，包括语言、历史、宗教、习俗、体制以及文明内人民的自我身份的认定是任何一个民族国家，甚至一个大的文明体得以继续存在的不可缺少的因素。但是这样的文明一定有一套本民族、本文明最优，其他文明包含这样那样缺点的文化结构。如果我们看一看不同国家的世界地图就可以发现，每一个国家都想把自己摆在世界地图的中央，表明自己是世界的中心。

在西方文明的眼中，中东地区的形象是国王与王妃们夜夜笙歌、奢侈无度，路上以骆驼代步，人人穿着长袍，女人戴着象征保守的面纱，背着枪的蒙面武装人员在沙漠上游荡。而在中东人的眼里，美国人又能好多少？他有很多种犯罪的集合：淫荡、同性恋、暴力犯罪、资本家鱼肉百姓、歧视非白种人、政治混乱、全世界的公敌等等。

中国人也一直在谈西方妖魔化中国[2]，在西方的文本中，中国经济虽然有发展但是人权依旧得不到保障，是威权国家，存在着贫困的大多数与享有特权的独享富贵的少数人，假冒伪劣商品横行，侵权无度……

国务院新闻办有一个关于美国的主流媒体对中国报道的统计，统计的范围是《纽约时报》、《华盛顿邮报》、美联社、CNN等。在一个季度里，按题目来说，负面的占一半，中性的占25%，有一点积极意义的占25%；如果按字数或按长短计，90%以上是负面的。因为负面文章长，正面文章短。

在西藏“3·14”事件发生后，CNN、BBC、《华尔街日报》、《华盛顿邮报》等西方主流媒体进行了连篇累牍的歪曲报道。攻击中国政府的处置措施和西藏政策，并在中国媒体以事实披露拉萨打砸抢烧暴力事件真相后，仍然置若罔闻；而当奥运火炬在法国传递遇阻时，国外媒体不仅未对“藏独”分子攻击中国残疾运动员、女火炬手金晶这一事件表示谴责，反而以一种幸灾乐祸的口吻和心情大肆地宣称“给中国一记耳光”。CNN在转播旧金山的火炬传递时，主持人卡弗蒂竟悍然攻击中国人“在过去50年里基本上一直是一帮暴民和匪徒”……

■卡弗蒂竟悍然攻击中国人

但是西方在中国人心中又是什么样的呢？在中华帝国的传统文

① 【美】塞缪尔·亨廷顿：《文明的冲突与世界秩序的重建》（周琪等译），北京，新华出版社，2002年版，第4页。

② 李希光、【美】刘康等著：《妖魔化中国的背后》，北京，中国社会科学院出版社，1996年版。

本中，西方人是与鸟兽为伍的，缺吃少穿，未经过文明的净化，更不懂人伦，而中国是地大物博，泱泱中华文渊武壮，是礼仪之邦，世界的中心[①]。除开清末至民初，在中国，中华文明的先进性、历史的悠久性与所有东方智慧都是被推崇备至的。在毛泽东时代，特别是斯大林过世之后，当时的中国将自己塑造为世界革命的核心，而革命是世界历史的大潮，西方人民过的是“水深火热”的日子，在资本家的统治与剥削之下。改革开放以来，在中国的宣传中，西方的形象有所改善，但中华文明的至高仍然处于最高位置，一旦西方某个民主国，尤其是美、英等国家发生群众游行、议会发生争执而引发一些其实在西方民主社会看来并不会影响社会秩序的事件时，中国的媒体必然狂轰乱炸，甚至有时说：“**国已经陷入了混乱状态”，以达到将西方民主表现为“存在不可调和的缺陷”的效果，从而表示中国的民主现状是最符合中国国情的，最稳定的。西方虽然经济发达、制度健全（因为这是中国所预期的现代化的效果），但是却存在这样那样的严重的社会问题，美国衰落论、欧洲衰落论、西方文明衰落论以及日本发展的停滞论，凡包括这些论调的书在中国一定是热销书目。而中国统治世界、贞观之治等宣扬国威的书（传统教科书式的宣传除外）也一定热销，比如最近热销的《当中国统治世界》一直高居畅销榜的前位。

■中华文明的先进性、历史的悠久性与所有东方智慧都是被推崇备至的。

本人的意思是说，无论哪个国家，甚至哪个文明，在构筑文化战略的时候，都在打造一套以自己为中心、为先进的文化体系，表扬自己，丑化别人。

其实，这一点在冷战时显示得最为淋漓尽致，当时有一个概念比较风靡，叫做“镜像概念”。这个概念的基础是假定两个长期敌对国家的人民对对方形成固定的和歪曲的看法，而且这些看法非常相似。两国人民都认为自己善良正直，克制忍耐，爱好和平，而对方则狡诈，有帝国主义倾向，穷兵黩武。这在当时的美国和苏联最为典型，美国公民和苏联人民都对对方有基本一致的认识：他们是侵略者，他们的政府剥削和欺骗人民，他们国家的大多数人民并不赞成那种政治制度，他们不可信，他们的政策也近乎疯狂。[②]

■当时有一个概念比较风靡，叫做“镜像概念”。

① 【美】何伟亚：《怀柔远人——马嘎尔尼使华的中英礼仪冲突》（邓常春译），北京，社会科学文献出版社，2002年版。

② 【美】詹姆斯·多尔蒂、小罗伯特·普法尔茨格拉夫：《争论中的国际关系理论（第五版）》（阎学通、陈寒溪等译），北京，世界知识出版社，2003年版，第262-263页。

世界文化权力体系中的中心与边缘

既然各个国家和各种文明都在宣扬自己诋毁他国，哪还有什么好说的呢？各力量似乎可以相互抵消。但事实上不是这样，在这场以文化为载体的权力斗争中，居于中心地位的是西方文明而居于边缘的是包括中国文明在内的其他文明，之所以这样，本人认为主要有两个原因。

首先，以硬实力支撑的西方文明软实力是全球范围内最强的。任何软实力都是靠硬实力来支撑的，任何文明所传播出来的文化内容，传播效果是否好、传播得是否远、接受者是否愿意接受也有赖于该文明的硬实力。没有一个人愿意学习经济落后的地区人们的生活方式、接受他们所传播出来的理念与世界观，这是显而易见的。西方研究的“东方学”能够影响世界范围内人们对于“东方”的认知，就因为西方被认为经济发达、学术研究发达，让人觉得其研究可信。

■没有人“无法表述自己”，而是他表述的自己不被外人接受。

萨义德在《东方学》一书的扉页引用了马克思的一句话“他们无法表述自己；他们必须被别人表述。”但其实，我们仔细研究历史和现实，就会发现没有人“无法表述自己”，而是他表述的自己不被外人接受。伊朗伊斯兰广播电台每天以多种语言来传播伊朗的新闻，但是当其他国家研究伊朗时，他们还是会更多采用美国的研究成果以及发布的信息。

■经过数百年来历史检验得出的世界共识

其次，与第一个原因相关，由于西方经济、军事实力的强大以及在近代曾经占领或殖民过世界绝大多数的领土，西方发展的过程、西方先进的理由以及西方拥有的如此强大的实力成为其他国家（发展中国家）学习的方向，所以在非西方国家的文本和宣传中无论如何抨击西方的缺点，有一点是他们很难否定的，就是西方制度的先进。因此，无论非西方国家如何像西方国家一样构筑以自己为中心的文化结构，都很难让自己完全处于绝对的中心位置，因为西方所具有的“榜样”地位已经是经过数百年来历史检验得出的世界共识。这可能也是其他非西方国家的国务家们最难绕过的一个环节。

以上这两个原因可能是构造世界文化权力体系中的中心与边缘关系最为关键的因素。而西方国家通讯社的完备、传播手段的先进则从具体的技术层面支撑了这一体系，这是我们不得不承认的。

目前，以美国为首的西方媒体在国际舆论格局中具有垄断地位，全世界重要的国际新闻80%以上是西方发达国家有数的几个大通讯社提供的。而发展中国家，连一个能对国际舆论起关键作用的通讯社都没有。在世界上至少有2／3的消息来源于占世界人口1／7的发达国家。美联社、路透社、法新社等西方几大通讯社基本上主宰了全球国际新闻的报道，发展中国家的国际新闻大多是转载他们的。

也可以说西方文明在世界文化权力体系中居于霸权的地位，从而给这一体系添加了霸权的色彩。

世界范围内“中国话语权”的护持

再具体到中国。中央电视台每晚新闻联播中的国际新闻部分，多数影像资料是向西方购买的，然后加上自己的解说词。这是因为我们没有太多机会抢到第一手资料。在世界范围内，中国媒体国际报道的原始信息来源于美国媒体的约占80%。据国务院新闻办领导披露的一份对91个发展中国家广播电视的调查研究表明，这些国家进口的节目，包括电影和新闻，最少的占30%，最多的占75%，平均占55%。而中国在对外文化交往方面处于逆差。中国进口的文化产品一个是报纸和新闻，一个是书刊和电影。报纸类中国出口为1，进口为4；VCD、DVD电影出口为1，进口是14。这可以构成中国文化与传播对外交流的一个缩影。

■中国在对外文化交往方面处于逆差

与西方发达国家的传媒巨头相比，我们传媒业的实力差距明显。2007年世界传媒五巨头的营业收入（美元）分别为：时代华纳（美国）447亿、迪斯尼（美国）342亿、新闻集团（美国　）253亿、维亚康姆（美国　）246亿、贝塔斯曼（德国）242亿。以美国的时代华纳为例，它旗下的130种期刊的营业收入达到45.14亿美元，其中仅《时代周刊》年收入就达9.21亿美元，《人物周刊》年收入达到7亿美元，经营规模和获利能力都十分惊人。而根据清华大学媒介经济与管理研究中心的一份报告，2007年，中国传媒业的总产值约4800亿元，以1∶6的汇率计，还不到两个时代华纳的收入①。

既然历史和当前的硬实力都让西方稳坐了世界文化权力体系中的中心，或称霸主地位，那么处于边缘地位的中国就只能任人宰割吗？在这种霸权体系下，如何护持中国的话语权？随着中国经济、军事实力的增强，中国在世界文化权力体系中能否由边缘走向半边缘直至走到中心呢？

■中国在世界文化权力体系中能否由边缘走向半边缘直至走到中心呢？

首先，本人认为中国实力的增强是未来长期发展的一个趋势，将为中国争夺世界文化权力体系的中心地位奠定硬实力基础。据2010年2月20日日本公布的2009年GDP数值，2009年中国GDP相当于日

① 杨兴锋：《大力构建舆论引导新格局》，2008年学习胡锦涛总书记视察人民日报讲话精神授课稿。

本GDP的96%，这意味着中国超越日本成为全球第二大经济体已经指日可待。

其次，由物质实力转化为现实的具有影响力的权力，还需要依靠政治家增强权力的意图以及卓有成效的手段。落实到“中国话语权”的问题，将涉及中国的传播手段和公共外交开展的策略。

至于中国的传播手段，近期有一个显著的动作，即新华社开设了网络视频，增强其传播效果。

网络被认为是突破传统的世界话语霸权的最有效的方式。当2008年“3·14西藏打砸抢事件”发生之后，国际媒体立即占领了传播事件的舆论阵地，中国主流媒体被打得惨败，是中国媒体中的“非正规军”——网络媒体和网友揭露了CNN的骗局，批驳了西方媒体的失实，重新夺回了舆论阵地。当网络以无国界的形式沟通了全球咨询的时候，参与传播的主体便在扩大，以一种强大的传播主体来保护本国的“基本新闻事实”，可以说是当前中国护持“中国形象”的一个突出的特色。

■保护本国的“基本新闻事实”

再谈到公共外交。作为世界上公共外交水平最高的美国，2000年的时候以官方的形式给予公共外交一个权威的定义，它是指“通过国际交流、国际信息项目、媒体、民意调查以及对非政府组织的支持等，了解、获悉情况和影响国外公众，扩大美国政府、公民与国外民众的对话，减少他国公众对美国的错误观念，提高美国在国外公众的形象和影响力，进而增进美国国家利益的外交方式。”①

中国曾有过几次通过公共外交有效传播“中国形象”，增强中国话语权的案例。比如，1989年之后，西方对中国采取了制裁、打压的政策，打压之势稍有缓和之后，中国国家主席江泽民开启了对美国的首访，他弹琴、唱京剧、与贫民谈笑风生，其意图是塑造中国领导人并不是“神秘的独裁者”的形象。他还曾在美国国会用英文背诵《人权宣言》，以显示中国领导人对人权的尊重来回击西方对中国不尊重人权的抨击。

胡锦涛总书记早就注意到了国际舆论格局的问题，他在2008年6月20日视察人民日报时说“当前世界范围内各种思想文化交流、交融、交锋更加频繁，‘西强我弱’的国际舆论格局还没有根本改变，新闻舆论领域的斗争更趋激烈、更趋复杂。”这需要中国创新传播形式维护其在世界上的话语权。

■创新传播形式维护其在世界上的话语权

① U.S. Advisory Commission on Public Diplomacy, Consolidation of USIA into the State Department: an Assessment after One Year, Washington. D. C.,October 2000, p.2.

但是，从中国在公共外交方面的制度安排到、交往的层次、次数、策略来讲中国与美国仍有很大的差距，需要长时间的研究与努力。

参考书目：

1. 李希光、【美】刘康等著：《妖魔化中国的背后》，北京，中国社会科学院出版社，1996年版

2. 【美】爱德华·W.萨义德：《东方学》王宇根（译），北京，三联书店出版社，2007年版

3. 【美】爱德华·W.萨义德：《文化与帝国主义》李琨（译），北京，三联书店出版社，2007年版

4. 【美】塞缪尔·亨廷顿：《文明的冲突与世界秩序的重建》周琪等（译），北京，新华出版社，2002年版

5. 【意】安东尼奥·葛兰西：《狱中札记》葆煦（译），北京，人民出版社，1983年版

6. 【美】何伟亚：《怀柔远人——马嘎尔尼使华的中英礼仪冲突》邓常春（译），北京，社会科学文献出版社，2002年版

7. 【美】詹姆斯·多尔蒂、小罗伯特·普法尔茨格拉夫：《争论中的国际关系理论（第5版）》阎学通、陈寒溪等（译），北京，世界知识出版社，2003年版

附三 >>

从民主社会主义思潮起落看中国[1]

【内容提要】

■显示出一种政治宽容，彰显了政治进步。

如果说谢韬提出"只有民主社会主义才能救中国"燃起了关于民主社会主义的大辩论，那么我们欣喜地看到，虽然这是关涉"举什么旗、走什么路"的大是大非问题，但执政党没有采取高压措施，取缔这场讨论，显示出一种政治宽容，彰显了政治进步。真理总是越辩越明。国际金融危机，深刻改变着民主社会主义思潮的当下语境。越唱越响的"中国模式"，并不意味着中国特色社会主义对所有问题一劳永逸地解决。同样，对民主社会主义合理成分的学习与吸收，也不意味着对中国特色社会主义与民主社会主义根本区别的忽略。我们必须清醒坚定地走中国特色社会主义道路。

■越唱越响的"中国模式"，并不意味着中国特色社会主义对所有问题一劳永逸地解决。

如果以谢韬2007年2月发表《民主社会主义模式与中国前途》为起点，最近这场民主社会主义思潮起起落落，已经三年。这三年中发生的最大事件，便是国际金融危机深刻改变了世界，改变了中国，从而也深刻改变着民主社会主义思潮的当下语境。透过这一思潮的起落，可以看到中国政治文明的进步，可以看清中国政治发展的方向。

首先，在国内正统主流政治理论中，民主社会主义一直被视为"修正主义"、"资产阶级改良主义"，涉及到"举什么旗、走什么路"的根本问题。然而，这场在对执政党所坚守的意识形成提出根本性挑战的论争中，执政党保持了理性与冷静，没有急于为这场讨论定调，更没有采取粗暴的方式压制不同言论，而是利用报刊发表文章参与讨论，体现了中国政治文明的进步。

其次，所谓真理越辩越明，这场论争让我们进一步看清了中国政治的发展方向——中国特色社会主义。国际金融危机造就的"中国模式"神话，更加证明了这一点。但是，"中国模式"的所谓胜

① 这是返武汉大学学习，按要求写的课程作业。

利，民主社会主义的论争暂时退潮，并不意味着这一思潮全无是处，我们依然要珍惜这场大辩论的积极成果，从中吸取民主社会主义的合理成分，更好地走中国特色社会主义道路。

民主社会主义思潮论争的简要梳理

“只有民主社会主义才能救中国！”2007年2月，中国人民大学前副校长谢韬在《炎黄春秋》上发表《民主社会主义模式与中国前途》，认为马克思、恩格斯晚年放弃了他们早年提出的共产主义理想和暴力革命的主张，无须摧毁资本主义生产方式，就可以和平长入社会主义。所以，原来受到批判的伯恩斯坦修正主义是马克思主义的正统。构成民主社会主义模式的是民主宪政、混合私有制、社会市场经济、福利保障制度。民主社会主义核心是民主。没有民主的保障，其他三项都会异化和变质。改革开放就是走“民主社会主义”道路，但是这“四大法宝”我们只学了后面三样，还要学民主宪政。

■欧洲民主社会主义大本营

这篇1.2万字的长文，将“民主社会主义”奉为马克思主义之正统，加之2007年即将召开广为关注的十七大，而党中央总书记、国家主席胡锦涛也预定将于当年6月份作为首个中国国家元首对“欧洲民主社会主义大本营”瑞典进行访问，一时间国内思想界震动非常。

而在此之前，2006年底，《北京日报》、《学习时报》发表有中央高层决策智囊背景的俞可平所写的《民主是个好东西》，在这一年年初形成热潮。与谢韬文章一样，这篇文章呼应了国内的政治改革思潮。

巧合的是，在谢韬文章发表不久，中国国家总理温家宝罕见地发表《关于社会主义初级阶段的历史任务和我国对外政策的几个问题》①一文。在文章中，温家宝开宗明义强调，“讲初级阶段，不光要讲生产力的不发达，还要讲社会主义制度的不够完善和不够成熟”，并要求“大胆吸收和借鉴人类社会创造的一切文明成果，吸收和借鉴当今世界一切反映现代社会化生产规律的先进经营方式、管理方法”。

■讲初级阶段，不光要讲生产力的不发达，还要讲社会主义制度的不够完善和不够成熟。

《民主社会主义模式与中国前途》发表后，迅速成为热点。

思想交锋的战火首先在网络上点燃，随后在中央级报纸和《炎黄春秋》杂志、南方周末等媒体之间展开，从3月份一直烧到了6月

① 2007年2月26日，《人民日报》。

份。支持者认同民主社会主义是马克思主义的正统，认为民主社会主义剔除了马克思主义中的空想成分，使马克思主义由空想变成了现实，坚持马克思主义就是坚持民主社会主义，改革开放以来的一系列新政策属于民主社会主义；反对者则坚持不能混淆恩格斯与伯恩施坦的原则区别，“民主社会主义”作为一种“社会模式”或“民主模式”，参考借鉴有必要，顶礼膜拜不值得，迷信照抄更有害，中国的前途不能寄托于某种“模式”，而在于必须从本国的实际出发，“广泛借鉴、坚持走自己的路”。

当“中国选举与治理网”于2007年2月转载该文后，网友“霜叶”立即发表了考据翔实的“三评只有民主社会主义才能救中国”，试图厘清民主社会主义之源流，质疑谢韬所谓恩格斯“最后遗言”是“放弃革命”的提法，为正统主流政治价值观辩护。

《炎黄春秋》起而应战，在2007年3月号刊发表吴敏所著《没有民主就没有共产党》一文。一个月后，又是4月号刊上发表由中宣部前部长陆定一长子陆德整理的《陆定一晚年的几个反思》一文，称陆定一主张公众及媒体对共产党进行监督，以遏制官僚与腐败。此文，5月5日被《北京日报》全文转载。

■然而在第一把火被点燃之后，从中央到地方各级机关刊物均保持了出人意料的缄默。

在正统政治学者看来，谢韬所谓“只有民主社会主义才能救中国”一文其实就是要为“修正主义”正名，将其视为马克思主义学说的正统，而反驳者要做的事情就是要为正统的马克思主义学说、中国特色社会主义民主正名。然而在第一把火被点燃之后，从中央到地方各级机关刊物均保持了出人意料的缄默。必要的缄默是可以理解的，毕竟这是一场关系未来中国之前途与命运的论战。

谢韬长文发表三个月后，中央报刊终于开始卷入讨论。一开始，《人民日报》小心翼翼地采取了很有政治智慧的读编交流的形式。5月10日，《人民日报》在回答“北京读者 时理”提问时，指出 “无论从历史还是从现实来看，民主社会主义都不适合中国国情。”随后，又发表由章传家、颜晓峰执笔的《坚定不移地走中国特色社会主义发展道路》①一文。接下来，5月25日刊发北大教授曹长盛的《正确认识和对待民主社会主义》。尽管这三篇文章不是以《人民日报》社论或评论员文章的形式出现，却立场鲜明地表达了对民主社会主义思潮的看法，对之不斥是委婉的批评。6月1日，《人民日报》再次刊发中国社会科学院研究院辛向阳的《只有中国特色社会主义才能振兴中国》、中共中央统战部政策研究室主任庄聪生文章——《坚持走中国特色社会主义政治发展道路》。

① 2007年5月16日，《人民日报》。

在《人民日报》首先应战的同时，其他中央媒体也开始纷纷刊发文章为中国特色社会主义声援。4月24日、5月8日，《光明日报》先后发表《正确认识民主社会主义，坚定不移地走中国特色社会主义道路》、《恩格斯始终是坚定的共产主义者》等文章。5月16日，中共中央机关理论刊物《求是》杂志刊登了以中国社会科学院邓小平理论和“三个代表”重要思想研究中心署名、中国社会科学院政治学研究所副所长房宁执笔的文章《坚定不移地走中国特色社会主义民主政治道路》。

■在《人民日报》首先应战的同时，其他中央媒体也开始纷纷刊发文章为中国特色社会主义声援。

在中央报刊对《炎黄春秋》形成“围剿”之势的时候，《北京日报》却传达了颇值得玩味的声音。6月4日，该报找来中国著名的西方国家共产党专家、华中师范大学科学社会主义研究所教授聂运麟，以答读者提问的方式就“民主社会主义”提出了他的看法：“在有关党的组织原则问题上，不少西方国家共产党不再遵循传统的民主集中制，而是强调民主、自由和多样性。[①]”而其实早在4月20日，在更有学术研究色彩的《社会科学报》上，中国社会科学院经济研究所研究员、博士生导师冒天启认为“有中国特色的社会主义已经开始具有了民主社会主义内在含义”[②]。冒天启身份特殊，不仅是中国知名的经济学家，而且具有长期的中央高层智囊背景。他最早于1975年底在于光远的关注下，参与由邓小平指示筹办的《思想战线》杂志。1976年10月粉碎“四人帮”后即调入《红旗》杂志在经济组任编辑。1978年底，随孙冶方撰写《社会主义经济论》并兼读他的在职博士研究生。孙冶方病逝后按照他的遗嘱参与整理了大量遗稿，后来在国务院经济发展研究中心从事宏观经济政策的研究和咨询。

而国内颇有影响力的政经媒体《南方周末》则在两周内刊发多篇长文，透视民主社会主义思潮。5月31日，中国人民大学资深教授、中国国际共运史学会副会长高放在《南方周末》发表文章，指出科学社会主义与民主社会主义本是同根生，你中有我，我中有你[③]。其编者按指出：中国不能照搬民主社会主义，是一个不可动摇的政治原则。但中国的社会主义建设可以而且必须借鉴人类文明的一切优秀成果，其中就包括了借鉴民主社会主义的有益的经验。6月14日，刊发记者《瑞典社民党如何进行“社会主义”改造》以及丁刚的两篇文章——《民主社会主义在瑞典》和《瑞典模式五辨》。

■《南方周末》则在两周内刊发多篇长文，透视民主社会主义思潮。

① 聂运麟：《西方国家共产党的新变化与新特征》。
② 冒天启：《对恩格斯晚年社会发展思想的再思考》。
③ 高放：《科学社会主义与民主社会主义的百年分合》。

■这是一场在新阶段新形势下必然要到来的大讨论。

从民主社会主义的论争看政治宽容

这是一场在新阶段新形势下必然要到来的大讨论。其实，自2004年以来，国内思想界已先后在“郎咸平事件”、“物权法大争论”等公共讨论中就当今世界马克思主义与社会主义的发展方向、我国改革发展道路和模式等问题进行了深入探讨和反思，其中有些言论直言不讳地严厉批评中国改革，提出改革失败论。

综观这一场场大讨论，各方很难取得什么根本性共识，但令人宽慰的是各方保持了宽容平和，尤其是作为受批评方的执政党，尽管其坚守的意识形态底线受到了公然的挑战，却没有对不同意见进行明打暗压，而是采取了耐心说服、辩论的方式参与、引导讨论。

这一点放在新中国成立前三十年的大部分时期是不敢想像的。文革初期，在“五·一六通知”发出不久，授意于上级领导，1966年6月1日《人民日报》发表了一篇在当时很有影响的社论，题目叫《横扫一切牛鬼蛇神》，由此掀起一场“红色恐怖”。很多人被戴上地主、右派、黑五类、走资产派的帽子。国家主席刘少奇竟也被批斗迫害致死。改革开放初期反资产阶级自由化、反精神污染一度运动化，甚至使党和国家的领导人频繁更迭。

■民主社会主义的论争得以展开，充分证明着一种公共讨论空间的形成，显示执政党更加成熟和自信。

可以说，民主社会主义的论争得以展开，充分证明着一种公共讨论空间的形成，显示执政党更加成熟和自信。当初，胡适特别强调宽容，就是希望在社会中形成一种容忍不同意见的道德基础，这一基础乃是政治民主自由的根基所在。事实上，从伏尔泰《论宽容》到房龙的《宽容》，都是旨在建立一种社会道德基础。

■宽容，其实是对“多数人暴政”的拒绝。

宽容，其实是对“多数人暴政”的拒绝。托克维尔曾区分过“硬暴政”和“软暴政”。他说，“镣铐和刽子手是暴政昔日使用的野蛮工具”，以粗暴打击肉体的办法使人的身体处于枷锁之中，并通过奴役身体来压制灵魂。但是，灵魂往往能逃离于枷锁之外而获得自由。因此，控制身体却不能控制灵魂是旧专制的常态。这就是“硬暴政”。而“多数人暴政”，是以温和的方式“直接压制灵魂”。这种压制是“温和的”，以和平的方式、在多数人舆论和思想“一致”的压力下，通过精神上的孤立和疏远使少数人或个人的思想受到压制，并向多数人“表示让步，最后完全屈服，保持沉默。[①]”所以，是“软暴政”。

在民主社会主义的论争中，我们没有见到“软暴政”。事非经过不知难。回顾我们党的历史上的历次路线斗争，特别是当面临着

① 托克维尔：《论美国的民主》，第293—294页，商务印书馆，1996年版。

来自“右”的批评时，能够做到宽容对待，实殊不易。这样的例子很多。

“劝说是一回事；命令又是一回事。晓之以论证是一回事；强之以刑罚是另一回事。”[①]采取说服、教育的方式，而不是命令或者是刑罚的方式民主对待不同声音，是现代政治文明的一个重要特征。

对此，马克思恩格斯也有经典论述。“我们不知道有任何一种权力能够强制那处于健康而清醒的状态中的每一个人接受某种思想。”“使读者确立无可争辩的信念，只有明显的、无可争辩的事实才能做到这一点，特别是在一个被无穷的‘祖先智慧’迫使人们持怀疑论的世纪里，仅凭空洞的说教，哪怕是很高明的权威的说教，都不能使人产生这种信念。”[②]

■我们不知道有任何一种权力能够强制那处于健康而清醒的状态中的每一个人接受某种思想。

邓小平同志曾批评说，“听到群众有一点议论，就要速查所谓‘政治背景’、所谓‘政治谣言’，就要立案，进行打击压制，这种恶劣作风必须坚决制止。毛泽东同志历来说，这种状况实际上是软弱的表现，是神经衰弱的表现。[③]”1983年，小平同志在《党在组织战线和思想战线上的迫切任务》中还指出，“无论是开会发言、写文章，都要进行充分的说理和实事求是的科学分析。参加讨论和批评的人，首先要对讨论和批评的问题研究清楚，绝不能以偏概全，草木皆兵，不能以势压人，强词夺理。”

如果把这一系列讨论放到更宽阔的历史视野中来看，我们就不能不发现中国政治文明已经越来越走向世界政治现代化的大潮流。古代的政治是脆弱的政治、经不起挑战的统治。它的假设是：一个国家的统治者只有在降服、镇压了所有的竞争对手之后才会感到安全，也会因害怕被压制者的报复与反叛和新的对手的出现而处于更大的恐惧之中。在古代政治中，暴力是解决一切政治冲突的最终的手段，强权就是公理。伦敦政治经济学院教授米诺格教授说，古代政治的特点是“玩政治的游戏需要以生命为赌注这种状况一直持续到18世纪……自那以后，只有在革命的通俗剧里，从政者才会像先前一样，要冒死亡与坐牢的危险。在现代自由民主的国家，政治家肯定不会因为从政而被处死。在现代社会，只有专制政权才会靠行

■玩政治的游戏需要以生命为赌注这种状况一直持续到18世纪

① 洛克：《论宗教宽容》，吴云贵译，商务印书馆，2002年版。

② 中共中央马克思恩格斯列宁斯大林著作编译局，《马克思恩格斯全集》，人民出版社，第20、27卷第199页、277页。

③ 于光远：《邓小平和“宣言书”的起草》，见《1978：我亲历的那次历史大转折》，中央编译出版社，2008年1月版。

刑队和绞架来维持统治”。[1]

党的十七大报告指出：社会主义愈发展，民主也愈发展。在发展中国特色社会主义的历史进程中，中国共产党人和中国人民一定能够不断发展具有强大生命力的社会主义民主政治[2]。这一切，都得从一个宽容、和谐的政治氛围进步。

民主社会主义论争的退潮与对其合理成分的吸收

从《民主社会主义模式与中国前途》发表算起，围绕民主社会主义思潮的论争已经三年。当初盛况，已经退潮。在这三年中，国际金融危机深刻地改变了世界，改变了中国，从而也深刻改变着民主社会主义思潮的当下语境。

■其论据不足的困境并不能回避。

回过头看，谢韬这篇长文虽然反响很大，支持者众，但客观地讲，其论据不足的困境并不能回避。比如，他引以为豪的“第三条道路[3]”并不能“超越左与右”，作为西方学术界的耀眼明星，吉登斯提出这一概念，旨在竭力拉拢中产阶级，争取选民。但“超越左右”这样的空洞和模糊的概念，使社会党疏远了社会中下层选民，同时一些中间选民也把选票投向有明确务实政策的保守政党。吉登斯的“徒弟”布莱尔及其继任者布朗面临的一系列的“工党危机”，足以证明这一点。随着社会党执政国家对外推行新干涉主义，积极参与科索沃战争，阿富汗战争和伊拉克战争，以及遭到恐怖主义侵袭，欧美国家深陷泥沼，焦头烂额，第三条道路实际已经陷入困境。欧洲社会党正在对“第三条道路”进行反思。

■“第三条道路”并不能“超越左与右”。

如果说，民主社会主义或“第三条道路”凭着一种惯性，仍然得到推崇与实践，那么国际金融危机的爆发彻底打碎了这一神话。其实，早在危机爆发之前，民主社会主义的高福利发展模式已经危机四伏，难以为继。中国（海南）改革发展研究院曾发布报告指出：“这种模式激励不足，福利制度的滥用现象普遍，在病假津贴高达原工资80%的瑞典，请病假的人占劳动力的比例很高，2001年就占到近7%；高税收将增加企业的成本，降低企业竞争力，从而导致企业为了避免高税收而向国外的转移；人口老龄化，瑞典近900万人口中，60岁以上的占总人口的20%，70岁以上的占10%。[4]

---

① 肯尼斯·米诺格：《政治学》，龚人译，辽宁教育出版社，1998年版，第34页。

② 胡锦涛：《高举中国特色社会主义伟大旗帜　为夺取全面建设小康社会新胜利而奋斗》。

③ 安东尼·吉登斯：《超越左与右：激进政治的未来》，社会科学文献出版社，2009年版。

④ 参见《中改院考察报告透析北欧模式（之三）：高福利带来的挑战》。

按谢韬的说法，人们习惯称为发达资本主义的西方国家，都已成为新资本主义，不同程度地民主社会主义化了。然而国际金融危机的冲击激化了矛盾，让这些国家雪上加霜。在民主社会主义的样板——北欧，冰岛破产，引来吁声一片。美国、英国、法国、德国都无一幸免。

与民主社会主义阵营形成鲜明对比的中国，风景这边独好。如果说改革开放30多年取得的成就，已经证明了中国特色社会主义的成功；那么在这场金融危机中诞生的所谓“中国模式”神话更加雄辩地证明了这一点。欧美国家从政客到学者，大肆吹捧中国，甚至提出G2——中美共治世界的概念。抛开他们的各种目的不论，中国特色社会主义的成功已无可置疑。

■慎提“中国模式”。

正如胡锦涛总书记所说：“越是形势好了，越要保持清醒头脑”[①]。所以，就在2009年“中国模式”成为国际热词的时候，中央党校主办的《学习时报》罕见地同时刊发四篇重量级文章，主张慎提“中国模式”。[②]

事实上，国际金融危机给民主社会主义阵营带来的困难，并不意味着民主社会主义的完败，并不意味着民主社会主义的一无是处。同样，在这场危机中，越唱越响的“中国模式”也并不意味着中国特色社会主义对所有问题一劳永逸地解决。

事实上，当初引发民主社会主义论争的因素，也就是民主社会主义思潮长期生长的土壤，或者说民主社会主义理论的合理因素仍然存在。中国特色社会主义不能拒绝对这些合理因素的学习与借鉴。温家宝曾对外国记者说：“中国社会主义政治建设和民主建设，经验都还不足。愿意实行开放政策，学习世界上一切先进的文明成果，结合我们自己的实际，走中国民主的道路。[③]”其实这是中国共产党一贯的思路。

■民主社会主义思潮长期生长的土壤

长期以来，特别是改革开放以来，中国共产党同世界上几乎所有的社会党、社会民主党和工党建立和发展了党际交流关系，学习吸取了许多社会党在治国理政方面值得借鉴的经验。比如，社会党实行的市场经济莱茵模式，主张经济与社会、经济与自然的协调发展，主张效率与公平并重，就值得借鉴。再如，欧洲国家都把可持续发展放在政府工作重要位置，并且有严格的法律保障和实施规

■市场经济莱茵模式

① 参见2007年3月8日胡锦涛参加全国人大重庆代表团审议时的讲话。

② 李君如：《慎提“中国模式”》，施雪华：《提“中国模式”为时尚早》，赵启正：《中国无意输出“模式”》，邱耕田：《当务之急是注重科学发展》。

③ 2007年3月全国两会闭幕，温家宝答中外记者问。

则，对我们有警示意义。还如，欧洲国家在改善社会福利方面积累了很多的经验与做法，对我们不断改善民生、促进社会和谐很有借鉴意义。其他，在企业管理体制、教育体制、就业机制、城市规划和管理等等方面，民主社会主义国家也有独到之处。

■对民主社会主义合理成分的学习与吸收，不意味着对中国特色社会主义与民主社会主义根本区别的忽略。

当然，对民主社会主义合理成分的学习与吸收，不意味着对中国特色社会主义与民主社会主义根本区别的忽略。“举什么旗，走什么路”是我们时刻要保持清醒的根本问题。中国特色社会主义伟大旗帜，是当代中国发展进步的旗帜，是全党全国各族人民团结奋斗的旗帜。正如胡锦涛同志在十七大政治报告中所要求的，全党同志要倍加珍惜、长期坚持和不断发展党历经艰辛开创的中国特色社会主义道路和中国特色社会主义理论体系，使中国特色社会主义道路越走越宽广，让当代中国马克思主义放射出更加灿烂的真理光芒。①

参考书目：

1. 【英】洛克：《论宗教宽容》，吴云贵（译），商务印书馆，2002年出版

2. 《马克思恩格斯全集》,中共中央马克思恩格斯列宁斯大林著作编译局，人民出版社

3. 【美】肯尼斯·米诺格：《政治学》，龚人（译），辽宁教育出版社，1998年版，第34页

4. 【英】安东尼·吉登斯：《超越左与右：激进政治的未来》，社会科学文献出版社，2009年版

5. 【美】托克维尔：《论美国的民主》，商务印书馆，1996年版

① 胡锦涛：《高举中国特色社会主义伟大旗帜　为夺取全面建设小康社会新胜利而奋斗》。

第三章 >>

进入蓝海：政治报道的经略

引子：“两会苏珊”的启示

2010年3月12日，中共中央政治局委员、广东省委书记汪洋和省长黄华华、省人大常委会主任欧广源、省政协主席黄龙云，在省委常委、宣传部长林雄的陪同下来到全国“两会”南方报业报道组住地，亲切看望慰问一线记者。

汪洋对我们推出的“两会苏珊[①]”系列报道赞不绝口，说：“找明星、找领导人采访，他们可以很好地表达自己的观点，但这是一部分人的意见和声音。而有的基层代表尽管对基层情况很了解，却不善表达。要真正把广东的‘苏珊大妈’、‘苏珊大哥’、‘苏珊大叔’、‘苏珊大婶’的意见充分反映出来，需要媒体工作者进一步提高业务水平和政治素质。”他特别提到我们创新手段报道基层代表，对《苏珊们，你们准备好了吗？》等篇目琅琅上口。

两会“苏珊”是汪洋的发明，在2010年广东省“两会”上，他希望记者把镜头和笔对准基层，寻找能成为明星代表的“苏珊大妈”。所以，我们决定在随后的全国“两会”上，想办法把“两会苏珊”报道好。毕竟与其和刘翔在人会堂外百米竞跑[②]，不如下力气挖掘几位能反映“草根”诉求的“苏珊大妈”。

■与其和刘翔在大会堂外百米竞跑，不如下力气挖掘几位能反映“草根”诉求的“苏珊大妈”。

按传统观点，报道基层代表委员，是不折不扣的主旋律宣传。不讲究方式方法，难以让读者欢迎。我们根据报社领导一再强调的“用新闻手段做宣传”的要求，加强挖掘，加强策划，追求新闻品质与主题宣传的统一。

首先是深入采访，抓住“苏珊”的动人之音。南岭村社区党委书记张育彪代表说：“我在报纸上看到，广东某个城市现在是360天

---

① 苏珊，本是英国草根选秀红人，尽管年过40岁，长相普通，身材臃肿，但她浑厚而充满磁性的天籁之音，征服了全世界。

② 作为全国政协委员，跨栏明星刘翔是媒体追逐的对象。为了躲避采访，他与记者们展开了“竞跑比赛”。

看不到星星，当时我马上走出门口观察我们村上空的星星，虽然下着小雨，但是还能看到3颗星星，我很欣慰。”他说，三旧改造，不光要对地负责，也要对天负责。尽管这个社区党委书记和此前发言的省、市领导比只是个“小官”，但是他的一番妙论让我们的记者一振。这不就是“苏珊之音”吗？这样，第二天的南方日报头版就出现了张代表的大幅照片和精彩发言。

来自梅州的农民代表赖秀华在发言中有点不好意思地说，在众多领导和名人之间，自己作为农民代表来到首都，“在兴奋之外，也有一点孤独的感觉”。这不经意的一句话打动了我们的记者，后来南方日报“没有人天生讲话水平高”的报道引起了很多基层代表的共鸣。

■在兴奋之外，也有一点孤独的感觉。

其次是加强策划，改进新闻表达和表现形式。“两会”前，全国首位农民工代表胡小燕关于人大代表“有职无权”的报道，引起强烈反响。在这次会议上，胡小燕作了澄清：“我的本意是代表应该在政府和农民工之间起到桥梁纽带作用，个人无权，集体有权。” 我们的记者本想揪住她挖料，被她这么一澄清，难免有些失望：这怎么报啊？但是，很快峰回路转。在当晚的碰头例会上，大家认为，尽管胡小燕澄清了，但她还是道出了基层代表履职的困惑与焦虑。“胡小燕之问”，应该一追到底！于是，我们展开了一系列报道。

■基层代表履职的困惑与焦虑

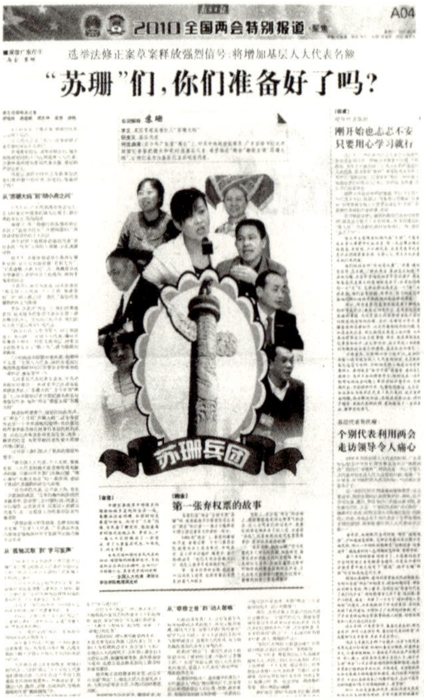
A04

2010全国两会特别报道

选举法修正案草案释放强烈信号：将增加基层人大代表名额

“苏珊”们，你们准备好了吗？

刚开始也忐忑不安 只要用心学习就行

苏珊兵团

第一张弃权票的故事

个别代表利用两会走访领导令人痛心

汪洋同志对南方日报“两会苏珊”报道赞不绝口。

2010年的全国人大会议要审议选举法修正案草案，释放了一个强烈信号，城乡将按照相同的人口比例选举人大代表。这意味着将增加基层代表名额，基层的声音会更大。风起云涌的大时代正在将基层代表们推向舞台的中央。而他们，准备好了吗?于是，我们策划了两个版的深度报道《“苏珊”们，你们准备好了吗?》。报纸一出，代表抢阅。汪洋后来表扬我们时，特别提到了这组报道。

我们对“两会苏珊”的成功报道，在业内引起关注。3月14日，人民日报对我们挖掘“两会苏珊”的情况作了详细报道。“两会苏珊”报道的组织与策划，是我们努力创新政治报道，实现转型升级的一个缩影。

优化党报DNA的路径选择

近年来，南方日报率先策动了党报走市场的战略进军，实际上是实施党报再造工程，开创了党报发展的无限可能。这当中，政治报道的改革与创新是重要一环。

■党报走市场的战略进军，实际上是实施党报再造工程。

前面已经说了，政治报道在党报业务格局中具有举足轻重的地位。进入政治报道的蓝海，实则优化党报DNA的路径选择。我们身处其中，在实践中推动，在推动中成长，收获很大，体会很深。概括起来，就是三个“新”——

观念更新：在全球新闻传播的大格局中，重新审视政治报道，认识到政治报道是财富，不是负担，必须理直气壮做强政治报道，激发机关报核心竞争力。

■进入政治报道的蓝海，实则优化党报DNA的路径选择。

内容拓新：坚持“两手抓”，对于工作性报道，善用新闻手段做宣传；与此同时，加强策划与组织，经营具有专业品质的政治报道。

手段创新：双重主体性，赋予报道生命力；以受众意识指导题材选择；破八股，报道手法多样化；探索严肃政治报道娱乐化。

观念更新：“发现”政治报道

机关报的政治报道究竟要不要搞？怎么搞？是秉持“政治报道＝工作宣传”的传统观念，束手就擒，甚至自暴自弃？还是珍视“政治报道是财富，不是负担”的创新理念，奋发有为，培育激发核心竞力？这是我们首先要在观念上解决的问题。

如果我们重新审视政治报道，会有一个再“发现”。

如果我们重新审视政治报道，会有一个再“发现”：政治报道是党报的重要财富，必须理直气壮做大做强政治报道，培育激发机关报核心竞争力。

高品质的政治报道，是机关报的核心竞争力

长期以来，面对激烈的新闻竞争和市场竞争，党报尤其是省级机关报感到压力重重。一些人认为，限制省级机关报受众认可度的重要原因，是大量的工作性报道充斥版面，既影响卖相，又无可读性。由是，产生一种错误观念：政治报道就是工作报道，是阻碍机关报走市场的负担。

有的同行提出要“软些软些再软些”，试图以社会新闻、明星绯闻来增强党报的可读性，从而让党报走进千家万户。但其实，由于党报的性质和它所承担的任务，要完全做到这一点很难，也不可取。特别是在先有晚报、后有都市类报纸的市场冲击下，就是想以此取胜也难以做到了，反而愈加显得苍白和尴尬，进退失据，左右为难。

南方日报自2002年改版以来，在“高度决定影响力”理念的指引下，积极探索“大时政”报道方向，政治报道出现了不少创新亮点。改版成果得到公认。但就目前而言，全国的党报尤其是省级党报仍有两个突出问题没有较好解决：一是政治报道工作化、宣传化，既不够“贴近”，也非真正高端权威；二是尽管掌握很多资源优势，但归堆分散，缺乏整合。

我们应该看到，如今一切以人为本，一切以民生为重，政治不是孤立于每一位公民、孤立于民生的空谈，而是实实在在的国计民策。伴随着民主的进步和社会的开放，政治不仅成为生活的一个重要内容，也成为一种亲切需要。从扭曲的“莫谈政治”、“政治挂帅”到健康有序地关心时政、参与政治、把握大势、规划人生，每一个人都需要获取政治信息，从而赋予政治报道强大的生命力，关键是我们要善于报道政治，把政治谈出滋味，生动而深刻地展现政治走向与政治生态，为读者提供有价值的信息。

■生动而深刻地展现政治走向与政治生态

事实上，党报的自身优势恰恰在于权威性、公信力，在于时政新闻、经济新闻和权威的政策解读，独到的视角、独特的思考和独特的观念，这才是我们高人一筹、赢得读者、赢得市场的立身之本。尤其是在政治报道领域，对政治生态进行深入解读，对纷繁复杂的政治信息进行及时有效梳理，当好读者政治信息海洋的高参，正是机关报的最佳发力点所在。机关报先天地与政治权威部门发生关系，先天地具有获取权威政治信息的便利途径，这是非机关报类媒体渴望而不可得的优势，我们一定要珍惜并充分发挥出来，形成机关报的独特核心竞力。

所以，党报办得好不好，关键不在我们的记者跑不跑机关，而在于如何跑机关。机关报记者跑机关天经地义，但如果满足于浅跑、粗跑，只是到机关开个会、拿个材料，然后回办公室摘摘讲话、抄抄材料，草草交稿了事，是不可能把报道写好，自然要影响报纸的报相和卖相。这样跑机关太可惜了。这些会议、材料是经过了大量调研形成的，是宝贵的线索来源，对此进行深挖掘、深加工，将是取之不尽的资源宝藏。这是机关报记者最独特的竞争优势。

■关键不在我们的记者跑不跑机关，而在于如何跑机关。

已有媒体包括非机关报先知先觉，“突然”重视政治报道

近年来，有一个趋势，就是不管是机关报，还是市场类都市类媒体，都开始重视政治报道，有些媒体甚至将竞争策略由以前争社会新闻的短长，转向比政治报道水平的高低。这也是时政报道热、时政报刊热的一个重要背景。

■已有媒体包括非机关报媒体先知先觉，“突然”重视政治报道。

南方日报从2002年一改版，就致力于打造主流、权威的政经媒体，其核心理念是“高度决定影响力”。2002年至今，已经改版七次。不断的“改版训练”让广大采编人员思路更加清晰，报纸的时政味也越来越浓。

与南方日报一样，“高度、权威、主流”正在成为越来越多党报突围的口号。

■高度、权威、主流

湖北日报：责任造就公信力

天津日报：权威媒体，大报风格

广州日报：追求最出色的新闻，塑造最具公信力媒体

河南日报：权威、高端、有用、民生

大众日报：权威、主流、高端、强势

重庆日报：权威政经大报，出色主流新闻

解放日报：了解上海的第一选择

……

人民日报是最典型的机关报。2005年初，在编采分开改革全面铺开的大背景下，政治新闻版诞生。几年来，围绕“政治文明”大概念，这个板块将政治、法律、社会、民生纳入视野，用“有时效的正确导向”营造亮点，以“现代感的表达形式”创新看点，靠“规范化的机制建设”赢得卖点，版面风格逐步明晰，版面影响逐步扩

10 政 治 人民日报
《人民论坛》杂志与本版联合问卷调查
百位基层干部眼中的“幸福观”
五问师延林
“值得再干二十年”
基层之路怎样越走越宽
晋升副县级 先过考试关
遨航黄浦江 备战世博会

《人民日报》关于“基层之路怎样越走越宽”的报道，经营得非常成功。

大①。比如，“声音”专栏选取省部级领导干部在公开场合的精彩讲话片段，摒弃空话套话，传达真话、真情、真知，结果一炮打响，海内外媒体广泛转载，高层和读者共同认可。2009年，人民日报关注基层干部的晋升与发展，提出基层之路怎样越走越宽，是经营得很好的一组政治报道。

■《南方周末》一直将时政报道作为立报之本

《南方周末》一直将时政报道作为立报之本，其高品质的政治报道对读者形成强烈的阅读期待。

《南方都市报》近年来时政特色越来越鲜明，投入了大量的采编力量。2010年全国两会，该报跳出广东，以全国视野选择报道题材。记者们下到省外代表团采访，抓到了很多猛料，让广东读者耳目一新。

广州本地的《新快报》以前是以做社会新闻见长，最近也关注政治报道，改版后推出“时事观察”，初展气象。

■传统机关报迫于新闻竞争压力而软化新闻的努力也在继续。

与非机关报类媒体重视政治报道相应，传统机关报迫于新闻竞争压力而软化新闻的努力也在继续，甚至有某种程度的加强，表现为对突发事件、社会新闻投注高涨的热情。针对这种情况，有人甚

① 胡果：《打造党报政治报道的亮点、看点和卖点》，《青年记者》，2008年第3期。

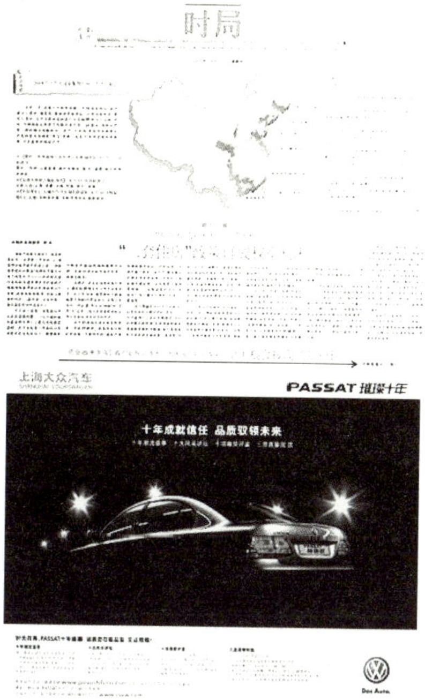

时局

上海大众汽车

PASSAT 帕萨特十年

十年成就信任 品质驭领未来

《南方周末》一直以时政立报。

时事观察

A16

官员心理素质关乎执政能力

专家认为官员是社会公共资源的掌管者和支配者，其自杀不同于普通人

提拔23岁官员违反公务员法

农民工登上政治舞台将改善中国政治生态

官员详解制定国防动员法原因

网络议政高潮蓄势待发

广州本地的《新快报》以前以社会新闻见长，改版后也推出“时事观察”，初展气象。

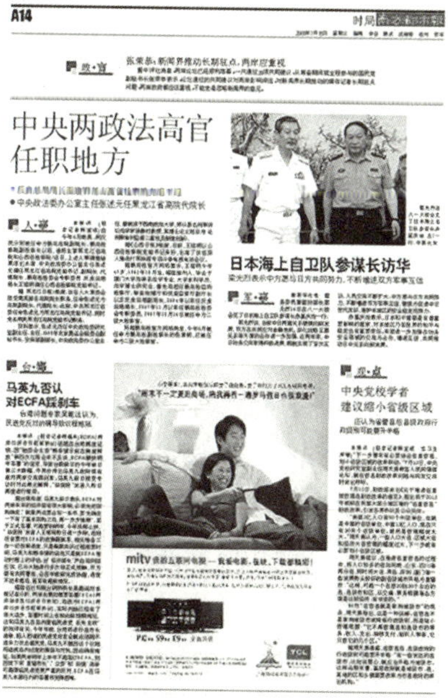

A14

时局

中央两政法高官任职地方

日本海上自卫队参谋长访华

马英九否认对ECFA踩刹车

中央党校学者建议缩小省级区域

《南方都市报》在时政报道方面投入大量采编力量。

■机关报也要食人间烟火

至戏言，现在是机关报想学都市报、而都市报想学机关报，大致意思就是指机关报放着政治新闻不好好经营，去和都市报类媒体拼抢哗众取宠的新闻。此话当然有些偏颇。我们不是说机关报不要社会新闻，这个早已是共识，“机关报也要食人间烟火”。但是，我们不能放着自己的优势不用，偏拿自己的软肋去和人家一决高下，这是最不经济、最不科学的选择。

打造在国际上有竞争力和影响力的传媒集团，需要高品质的政治报道作支撑

现在，中央审时度势，提出打造在国际上有竞争力和影响力的传媒集团，我们理应有所作为。纵览国际潮流，很多有影响力的媒体都是以政治报道见长。有的甚至就靠政治观察的名栏目、名记者、名主持而长久地吸引着受众。

■理直气壮做大做强时政报道

在新闻竞争日益激烈的当下，我们亟须进一步明确办报理念，充分整合机关报的优势资源，理直气壮做大做强政治报道，培育激发机关报核心竞争力，像《纽约时报》、《华盛顿邮报》、《时代》周刊一样，把时政报道做出真正的专业化水平，打造名牌栏目，培养政治观察家型的专业政治名记者。

内容拓新：盘活存量，打开增量

观念更新，落实为对报道内容的全面拓新。

我们将报道内容分为存量和增量。所谓存量，是指我们目前大量在做的主题宣传、工作报道、政务报道，等等。它们非常重要，机关报的职能在很大程度上由这些报道来实现。对于这一块，我们必须做好，不容讨价还价。但是，我们不能不顾报纸卖相、不顾读者感受，“不折不扣”、“原封不动”地照搬党和政府的文件，用材料语言代替新闻表达。我们必须善用新闻的手段来做宣传，改造表现形式和表达方式，增强报道的针对性和实效性。

■改造表现形式和表达方式

增量，是指除了工作性、宣传性的报道之外，经营高品质的、具有现代政治理念的报道，这是当前国内媒体的短板，对有些媒体而言，甚至还是空白。必须迅速补长这一短板。以高品质的政治报道来优化党报媒体的内容资源，这既是增强党报市场竞争力的现实策略，也是提高党报舆论引导能力的不二选择。

盘活存量：用新闻的手段做宣传

如何改变传统宣传报道的僵化面孔？南方日报经过探索，要求广大采编人员要“用新闻手段做宣传”，就是做宣传也要从新闻规律出发，用新闻鲜活的手段来包装宣传活动。

■积极有为、深入钻研、想出办法、改变报相。

这就要处理好宣传报道与新闻规律的关系、引导群众与服务读者的关系，使党报时政报道的权威性、严肃性、真实性与贴近性、生动性、可读性相统一。要积极有为、深入钻研、想出办法、改变报相。

从报道手法来说，我们小结了一些做法：强化信息意识，在主流新闻里提供更多的信息；注意概念包装，提炼好主题；重视组合报道，立体化展现新闻事件的价值和意义；变单向灌输为读者互动，找到读者的关注点；加强新闻策划，寻找新闻的聚焦点；突出服务性，努力“三贴近”，等等。

从报道类型来说，传统的宣传报道主要可分为三类，一是工作报道，二是政策宣传，三是会议新闻。我们认真研究，分类改造。

■往往流于罗列数据、评功摆好、空泛枯燥。

工作报道，主要是各部门各单位一个阶段的工作部署和总结，往往流于罗列数据、评功摆好、空泛枯燥。我们要善抓角度，强化包装，改变僵化死板的品相。

2008年南方日报的一则公安报道《“马天民”进村 “桃花街”变样》，就是一个好例子。报道从50年前电影《今天我休息》说起，民警马天民放弃休息、为民服务的感人形象一直定格人民群众心中。记者将社区和农村警务室的民警，同马天民对比。通过报道“现代马天民”，很自然报道了公安厅主推的这一工作。于是，这一堆数字也不再枯燥了：全省共建有社区警务室4600多个，农村警务室3300多个；社区民警8700多人，下派驻村民警4800多人。

政策宣传，就是报道党和政府及其重要部门的重大决策、重

“马天民”进村 “桃花街”变样

省公安厅表彰十佳社区(驻村)民警

巧借50年的电影报道今日的公安工作。

A02 特别报道

万五珠玑，描画广东领跑新路径

第一部分：第九次党代会以来的工作

第二部分：今后五年的形势和任务

《南方日报》对广东十次党代会报告起草经过的独家披露，反响强烈。

■解释性报道，也是对工作报道的改进。

要部署、重点工作。我们对其重点、难点进行权威深度解读，对其酝酿发出的过程以及执行进程、结果进行全程跟踪。这种解释性报道，也是对工作报道的改进。

2007年广东省第十次党代会召开，我们通过采访有关领导，用两整版独家披露党代会报告起草经过，两篇文章 《万五珠玑，描画广东领跑新路径》《一字亿金，谱写南粤和谐新篇章》近两万字，受到广泛关注和好评。很多单位和地方就用我们的报道作为党代会精神的学习材料。

会议新闻，目前基本演变成“XX会议昨天在XX举行，XX领导出席并讲话。XX强调……，XX指出……，XX要求……”的几段论模式，读者望而生厌。但这其实也是一个新闻富矿，要求记者有慧眼披沙拣金，从长篇材料里找出热点，从冗长讲话中抓官员的现场发挥。我们要善于抓取鲜活有趣、人性化的细节，优化重组这类报道的“可读基因”。

■优化重组这类报道的“可读基因”。

比如，《广州日报》2009年1月在广东省委十届四次全会上，突破传统会议新闻套路，抓住了省领导的两次精彩插话：

一是省委书记汪洋借《非诚勿扰》谈环保。汪洋说，“前几天过节，我看了电影《非诚勿扰》，看到人家北海道山清水秀的样

广州日报

温家宝主持国务院常务会议 部署

大学生到城乡基层

明确任务求共识 转变作风抓落实

面前的任务只有一个字，干！

广东省委十届四次全会闭幕 审议通过了全会决议 汪洋作重要讲话

[汪洋妙语]

看了《非诚勿扰》我感到压力很大

没新闻性，在头版做一个版都没人看

汪洋借当时热映的《非常勿扰》说广东环保。

子，我感到压力很大。按说我们广东真要去找，应该也能找出这样漂亮的地方，但问题是我们的这种地方通常是工业不发达，经济很落后，而人家达到这样发达的工业化程度，环境还能保持这样，这让我很羡慕，很嫉妒，也感到压力很大。其实老祖宗留给我们的这个环境本来也是很漂亮的，什么时候我们才能还老百姓、还祖宗一个青山绿水呢？”

广州日报

半年制止违规公款出境4000人次

广东省委十届四次全会开幕

汪洋代表省委常委会报告一年来工作 黄华华对今年经济工作作具体部署

利息税继续免征

印花税仍然单边

全会上省长批评文艺晚会请大腕

上半年增收33.3%

全年仅增收19%

记者抓住黄华华在一次全会上对晚会浪费的批评，丰富了会议报道的内容。

二是省长黄华华痛批晚会浪费。黄华华说，“那些明星大腕一个晚上唱一首歌就要二三十万。晚会印个请柬，用纸也非常讲究排场，还有节目单，本来是一次性使用的东西，装帧印刷却很考究，光是这些就浪费不少钱。总之，2009年一切都要从简，防止奢侈浪费的发生。”

■敢于打破领导报道的条条框框

这些报道给了我们启迪，要善于抓会议新闻的现场“活鱼”，特别是要敢于打破领导报道的条条框框，将其脱稿发挥的精彩言论，以摘录或特写方式显著报道，增加人情味和可读性。

■让读者可以原汁原味地品啖精华

比如，2010年1月广东省委十届六次全会上，省委书记汪洋讲话纵论自主创新，妙语连珠非常精彩。但如果按照传统做法，只是在头版刊发四平八稳的会议消息，就等于把“明珠掩于草下”，非常可惜。我们研究决定，积极创新报道手法，突破性在南方日报二版拿出一个版摘录精编汪书记的精彩讲话，让读者可以原汁原味地品啖精华。“广东‘胖子’要‘减肥’‘练肌肉’”、“不能做未进化成人的古猿”、“经济大省要打破‘资源诅咒’”、“从傍‘资金大款’到傍‘科技大款’”、 “东西南北中，创新到广东”……这些妙语得以提炼包装，广为流传。

这方面，外国媒体也有大量精彩的报道案例。比如日本《朝日新闻》2009年4月3日报道中国在G20的地位提高时，抓住了会议一个细节：

科学发展 新年新局
A02
创新练“肌肉” “胖子”要减肥
汪洋要求政府当好“导演”，让企业和全社会乐意创新，提高广东核心竞争力
未来30年深圳靠“智力”驱动

摘录精编汪洋同志精彩讲话，让读者原汁原味地品啖精华。

"G20金融峰会新闻中心墙上挂着3面钟，显示的是伦敦、华盛顿和北京的时间。G20今后也许会以G8和中国为核心，进一步增加影响力。"

应该说这位记者是很细心的，也很聪明。"北京时间"这一无声的细节，胜过论证中国地位上升的千言万语。

■"北京时间"这一无声的细节，胜过论证中国地位上升的千言万语。

我在《时代周刊》网站曾看到对2009年奥巴马访华的报道，也善于运用背景材料，形成巧妙的比照，富有历史感和趣味性：

On the evening of Nov. 15, President Barack Obama, the youthful leader of one of the world's youngest countries, begins his first visit to China, among the world's most ancient societies. Obama and his Chinese counterpart, Hu Jintao, have much to discuss. Nukes in Iran and North Korea. China's surging military spending. Trade imbalances. Climate change.

But the visit comes at an awkward moment for the U.S. China, despite its 5,000-year burden of history, has emerged as a dynamo of optimism, experimentation and growth. It has defied the global economic slump, and the sense that it's the world's ascendant power has never been stronger. The U.S., by contrast, seems suddenly older and frailer. America's national mood is still in a funk, its economy foundering, its red-vs.-blue politics as rancorous as ever. The U.S. may be one of the world's oldest capitalist countries and China one of the youngest, but you couldn't blame Obama if he leaned over to Hu at some point and asked, "What are you guys doing right?

我们且不讨论报道的倾向，但其写作技法值得参考。开始说"最年轻国家最年轻的总统造访世界上最古老的国家"，接着笔锋一转，指出"中国这个最年轻市场国家"与"最老牌的市场国家美国"进行对话，两个"最老"和"最年轻"形成巧妙修辞，显示出记者的积累与功力。

■两个"最老"和"最年轻"形成巧妙修辞

打开增量：经营高品质政治报道

■政治报道蓝海的魅力

提高党报新闻产品的核心竞争力，仅靠盘活存量是不够的。还要有新的高品质的政治报道作武器，这也是进入政治报道蓝海的魅力。

近几年，南方日报着力经营“大时政”，就是打开政治报道增量的一个尝试。“大时政”，就是跳出一域一地的限制，强调“全国大事，广东元素；广东新闻，全国视野”，以更多的元素来丰富和发展报道容量，以更立体更可读的内容产品强显南方日报的高端定位，牢牢吸引住核心读者群。

这不失为经营高品质政治报道的一个现实方向。从方法学的角度，如果整体突破难以实现，可以打造一些试点，通过品牌带动，各个击破。这也就是“增量探索”的核心。

由是，南方日报从2009年1月23日始推一个重点栏目“时政南方眼”，并在10月份第七次改版中将其固定化，每周一到周五基本保证推出。

这是一个专门经营高品质政治报道的栏目。在《致读者》中，我们明确提出：力图通过改进我们的题材选择与新闻表达，把单向的宣传灌输，变成双向的互动碰撞，以新闻的快捷与生动，带给您严肃理性的政治。

■在“悦读”中实现“深读”。

所谓“时政南方眼”，是指用“南方”的眼光来观察省内外时政事件和现象，通过“望闻问切”，以独到精辟的分析性报道，帮助读者在“悦读”中实现“深读”。体现在文本上，就要积极创新，努力改变传统政务报道的枯燥僵化面貌，去“工作化”、去“宣传化”，善讲故事、讲好故事、讲出故事背后的东西。

“时政南方眼”的重点选题有两类，一类是全国性选题，要及时做好落地，做到“全国话题、广东元素”。主要包括：

①对中央和兄弟省市的重大时政政策变化进行分析报道；

②对近期国内重大政治事件、现象进行综述、分析、解读；

③对中央高层近期动向进行背景解读；

④与重要人物、热点人物进行深谈，比如“外眼探粤”栏目可以安排纳入；

⑤对网络舆情热点进行聚焦报道：

……

■全国话题，广东元素。广东话题，全国视野。

另一类是省内选题，要做到“广东话题，全国视野”。主要包括：

① 对广东重要的改革探索和新政动向进行分析报道；

② 对近期广东的重大时政事件、现象进行解读；

③ 对省主要领导近期动向进行分析解读；

④ 对地市鲜活的创新探索，以及个性化的施政实践进行挖掘报道；

⑤对本省重大负面新闻的建设性监督报道；

⑥对重大社会新闻背后的制度、文化、道德、法律等深层次问题性进行挖掘分析；

……

"时政南方眼"每期除了重大选题外，还相对固定设立以下4个常规栏目，对省内外时政新闻资源进行梳理，并加以精短点评。比如：

①声音：时政类人物近期的经典话语、惊人之语，以及网络妙语；

②人事：国家、兄弟省市、本省的重大人事任免，省内一般以副厅级以上为标准；

③调查：就一些选题与南方网、南方报网、奥一网等集团网站或门户网站合作，开展网络调查；

④连线：近期境外、国家级、兄弟省市媒体或重要人物对广东的评价和报道。

这些栏目根据当天新闻特点和头条稿件情况，进行取舍，形成特色，让读者养成阅读惯性和期待。

■让读者养成阅读惯性和期待

在人员机制上，南方日报时政新闻中心还专门设立"部门机动记者"，专门负责"时政南方眼"的选题筛选、统筹联系其他记者供稿、与要闻编辑沟通协调、自己采写部分选题稿件。要闻编辑中心固定设置1—2名编辑，负责编"时政南方眼"，每天监测国内重大时政新闻线索。

另外，南方日报还在北京记者站增设一名时政记者，与一些重要的国家机关、部委建立日常采访联系、填补报道空白。记者还要与社科院、中央党校、北京高校研究"大时政"的专家学者建立联系，逐渐组建时政报道的专家库；跟踪选题，主要为"时政南方眼"版供稿，或协助总部记者联系采访；利用平时在京积累的资源，参加全国"两会"、党代会等重大会议的报道。

"时政南方眼"推出一年来，好稿不断，品牌效应越来越强。"副秘书长减负"、"公检法三长大轮训"、"省委掀起珠岛读书热"等报道，纷纷被兄弟报纸、网络转载。凤凰卫视还多次在"读报节目"中读到我们的稿件。

■逐渐组建时政报道的专家库

A04

NEWS 时政南方眼

我省出台多个文件规范干部初始提名、民主推荐、个人事项报告等，为防止"裸官"外逃——

当省管干部先报告家属在国外情况

省管干部任前报告12项信息

广东对症下药 政府不再配助理

党政一把手须全委会提名

发短信拉票取消推荐资格

考察对象"上会"前先公示

省管干部离婚要报告

不满意率超过30%可能丢官

吉林省政府"削减"6名副秘书长

2009年4月，中央发文严格规范省长助理、市长助理、区政府副秘书长人数。我们经过多方争取，报道了广东"减副"的思路及要采取的动作，被视为广东对此的公开正面回应，颇受好评。

■从单篇的一事一报式向积累的观察式思考转变。

深读政治，改造着时政记者的采编思维，也就是从单篇的一事一报式向积累的观察式思考转变。以"公检法三长大轮训"为例。从2009年3月开始，不断有公检法的基层领导上京培训的消息见诸报端和网络，但它们都是分散的，到底是怎么回事，没有一个准确回答。记者凭着新闻敏感，分头采访公检法部门，渐渐水落石出，我们有了一个宏观把握，于是概括出新中国60年来最大规模的"公检法基层'一把手'大轮训"正在进行。与此同时，又采访参加轮训的学员，并对公检法三长异地大交流等情况作一梳理，形成了一个很有看头的独家报道。

这是10月23日南方日报第七次改版以后的半个月内，我们监测的"时政南方眼"栏目的一些新闻选题、版面安排和报道反响：

10月23日　A11版，《广东干部人事遴选新招：激发"新人"激活"老人"》，人民网、新华网、新浪、网易、搜狐等47个网站转载。

■概括出新中国60年来最大规模的"公检法基层'一把手'大轮训"正在进行。

10月27日　A8版，《广东反黑：专项行动→常态打击》，多个网站转载。外媒解读为广东对打黑的回应。

10月28日　A8版，《广州"晒账本"的下一步期许》，报道广州公开预算，并指出仍需解决另外"半本"账问题，有45个网站转

A12 时政南方眼

60年来最大规模

公检法基层"一把手"大轮训

"最高层"与"最基层"互动，表明中央积极应对社会矛盾

公检法"三长"异地大交流

10天"充电"学什么？

2009年上半年，经过观察，我们发现中国正在开展60年来最大规模的公检法基层一把手大轮训，于是全方位、全景式报道"最高层"与"最基层"的互动，展示中国建设政治文明的决心。

南方深读 时政南方眼 A11

广东遴选新招：激发"新人"激活"老人"

对选拔干部的政治创新保持持久关注，是政治报道策划成功的一个关键。

南方深读 时政南方眼 A07

以书佐政：广东政坛掀"读书热"

官员荐书台

无法也没必要进行量化考核

想方设法不让"读书热"冷下去

部分领导干部读书、荐书一览

对现职党委、政府主要领导工作之余学习生活的报道，给传统的政治报道带来新风。

时政南方眼 A08

广州市财政局网上公开预算前瞻

"晒账本"的下一步期许

只公开"半本"账本当然看不懂

江门职业技术学院二十五周年校庆公告

对预算民主的深入思考，成就着政治报道的深度。

对话 A09

顺德大部制改革"石破天惊"，区委书记刘海接受本报记者专访

我先干，三年后见分晓

2009年，顺德推行大部制改革，力度之大、创新之多，为30年来少见。我们对此进行深入报道，深入挖掘其改革的标本意义。

教育部长换人引发网络关注

对教育部长变动的观察性报道体现了政治报道的水平。长期以来，党报的人事变动报道程式化、空洞化。我们通过背景运用加上适度巧妙的观察，赋予人事变动报道生机活力。当然，这也非常考验政治智慧。

重点 A03

广州副市长述职自己打98分引来热情网友拍砖灌水，但“没有最好，只有更好”——

基础教育：肇庆端州自评100分

副市长自评98分，网友有赞有弹，有网络大侠呼吁

官员述职报告公示应成惯例

王则楚：打“98分”不合适

金杯银杯 不如百姓口碑

公务员考核要扩大民主

对官员自评高分的深入挖掘，是对中国官场潜规则的一次“大起底”，深受观迎。

载，网友评论热烈。

11月3日 A7版，《教育部长换人引发网络关注》，有70多个网站转载。

11月5日 A9版，《刘海：我先干，三年后见分晓》，有66个网站转载，网友跟帖热烈。

11月5日—11日，“关注官员自评高分现象”系列报道，从广州市副市长徐志彪对基础教育工作自评98分讲起，对全省官员自评情况进行了全盘扫描，对那些无视“失职”行为的地方领导进行了尖锐批评，最后上升到对干部考核制度的思考。整个系列报道在引领南方都市报、羊城晚报、广州日报跟进的同时，相关网页转载达12300多页，多日占据人民网、新华网、新浪网等主流门户网站首页显著位置，央视新闻频道专门予以评论，新加坡联合早报进行了专门报道。系列报道充分展现了南方日报的高度性、权威性和强大的舆论引导能力。

但“时政南方眼”的意义，远不止于单篇稿件产生多大反响，而是它在传统政治报道之外，尝试了一种新的可能，为党报政治报道的转型升级探路。

■在传统政治报道之外，尝试了一种新的可能，为党报政治报道的转型升级探路。

除了“时政南方眼”，去年南方日报推出的另一个重点新闻栏目《外眼探粤》也广受好评。

■对政治资源进行“二次销售”。

对于外事报道，我们传统的做法，就是报道某某领导会见了某某客人，都是程序报道，很少想到对政治资源进行“二次销售”。2009年起，在报社主要领导的指导支持下下，南方日报与广东省外办联手，合作推出《外眼探粤》专栏，对外国政要及海内外知名人士进行高端访谈，适时推出针对广东现实而策划的看世界的相关深度话题，理念是用“世界眼光”谋划广东未来。

《外眼探粤》首期以整版规模推出新加坡前总理吴作栋专访。吴作栋现身说法、力撑广东转型,引起广泛关注。栏目还独家专访了泰国总理阿披实、越南总理阮晋勇、巴基斯坦总统扎尔达里等一大批政要及国际知名人士,并策划了“东盟韩日国际调研”。栏目因定位的高端、内容的深度、版本的独特、视野的开阔而受到好评,省委书记汪洋多次表扬肯定,外交部部长杨洁篪评价“广东外事报道的创新走在了全国前面”。

■外交部部长杨洁篪评价“广东外事报道的创新走在了全国前面”。

首篇专访吴作栋，影响很大。这是在广东产业转型升级备受压力之际，请他现身说法，以新加坡经验，力撑广东转型。报道说：“广东必须做一个决定：在金融危机中，产业结构的调整要加快还是放缓。从新加坡的经验来看，我们会以更快的速度进行调整。”后来，汪洋书记到中山大学给学生做形势报告时，还专门引用了报道中吴作栋的这段话，佐证广东推进产业升级的正确性与必要性。

对政治报道的深度经营，已经重为我们的重要业务增长点，贯

危机下，产业升级加快还是放缓?

吴作栋接受本报专访，以新加坡经验力挺广东发展转型。以整版规模专访外国政要，是“自选动作”，相当难得。

要闻 A09

希望萨科齐访华越快越好

让法国年轻一代了解中国

非常了解中国西藏问题的立场

法国名城维护中国领土完整

中法都反对贸易保护

我和萨科齐

3月15日 五粮春 招商会 隆重召开

2009年，中法关系因为萨科齐总统的原因突然变得紧张。这时，萨科齐派出特使、前总理拉法兰访华，试图修好。所以，拉法兰访华之旅具有很大的解读空间。经过努力，只有我们对他进行了独家专访。

穿我们的采编实践始终。2009年，中法关系因为萨科齐总统的原因突然变得紧张。这时，萨科齐派出特使、前总理拉法兰访华，试图修好。所以，拉法兰访华之旅，具有很大的解读空间。经过努力，只有我们对他进行了独家专访。这样，我们的报道《希望萨科齐访华越快越好》被热捧也就在意料之中了。

■对时政报道的深度经营

手段创新：改造表达与表现形式

就政治报道而言，当前迫切需要改变归堆分散、不成建制的情况。这就要进行手段创新。我们对手段创新作了一些尝试，大概有：双重主体性，赋予生命力；以受众意识指导题材选择；破八股，报道手法多样化；探索严肃政治报道娱乐化……

双重主体性，赋予生命力

所谓的"双重主体性"，是指报道对象的主体意识、报道主体的参与意识。

■"双重主体性"，是指报道对象的主体意识、报道主体的参与意识。

报道对象的主体意识，就是能在报道中看到对象的喜怒哀乐、音容笑貌，增强报道生命力和亲和力；报道主体的参与意识，就是在写作过程中，记者的意识、感情要融入其中，有判断、有观察、

南方日報

美航天飞机送机器人上天

天津二中院已受理陈良宇案

香港9学校暴发流感

全英赛溃败国羽告急

医院自配药治痔疮老汉中毒身亡

不断提高军队应对安全威胁能力

最高法院去年统一行使死刑案件核准权严格把关导向"慎杀少杀"

15% 死刑案件未被核准

表

沪京粤蝉联前三

老人身后镁光灯依然闪烁

南方报业起到航母作用

沪指跌154点创本轮调整新低

"不冻线"韶赣高速全面开工

肖扬仰天长笑，是一种释然、一种解脱，还是一种宽慰？《南方日报》在头版进行大篇幅的图片报道，被中共中央政治局委员、广东省委书记汪洋称为“思想解放的表现”，在两会报道中掀起了一股“大照片热”，就是以大幅图片展现某个人物的大笑或者思考的情景。其实，这只是我们个性化报道官员的尝试之一。

■政治报道当然不能缺席

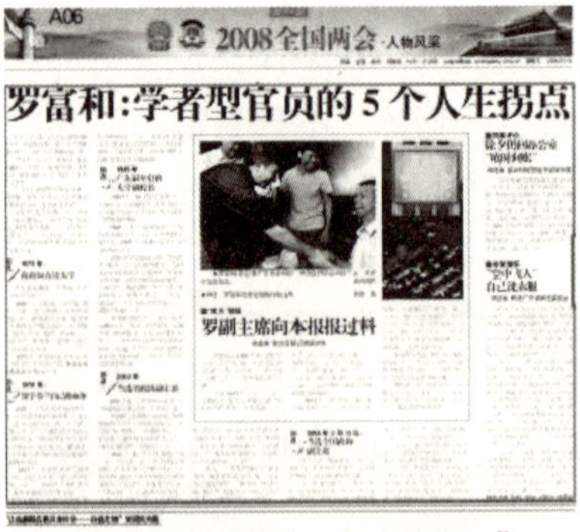
A06 2008全国两会·人物风采

罗富和:学者型官员的5个人生拐点

罗副主席向本报报过料

"谁是最可爱的人？加上他们！"

A03 2008全国两会·焦点关注

"铁娘子"吴仪今日隐退

仕途五章：重温那些感人的经典瞬间

"房价有50%下浮空间！"

村委会改名居委会 村干部纳入公务员

■送上人们至高的奖赏

2008年全国两会，罗富和成为全国政协副主席，广东走出又一高官，我们的政治报道当然不能缺席。

吴仪退休时，我们选取她坚强外表下若干柔情片断，送上人们至高的奖赏。这种报道放在以前不可想象。

有生命之流。这两种意识要水乳交融。

比如，2008年全国两会期间，南方日报头版刊登的“肖扬仰天长笑”巨幅照片引起全国关注。长笑，是一种释然、一种解脱，还是一种宽慰？那是最高院院长肖扬卸任前“回娘家”、到广东团参与讨论时记者抓拍到的，非常生动，报社领导和后方编辑部讨论拍板，以巨大篇幅刊出。新到任的省委书记汪洋说，南方日报敢登这样的照片，敢这样突出处理，是思想解放的表现。

我们还尝试对高官进行个人化报道。2008年全国两会上，罗富和成为全国政协副主席。这是目前广东走出的又一个中央高官，我们的政治报道当然不能缺席。我们发挥资源优势，精心采写《学者型官员的5个人生拐点》，报道罗富和西关出身、海南下乡、学而优则仕的人生轨迹。报道一出，赞赏不断。

同样是2008年全国两会，我们还以大半版规模推出吴仪退休的报道。选取她一生坚强外表下的若干柔情片断，也送上人们的至高奖赏。吴仪、罗富和的报道，是一次重大突破。这要是放在以前，不可想象。

■结合目标读者的定位

以受众意识指导题材选择

以受众意识指导题材选择，就是确定报道选题时，心中装着读者。他们的关注度，是选择的重要标尺。

要注意结合目标读者的定位。比如，南方日报的目标读者是公务员、精英人士，他们关心的政治话题，比如：人事升迁、政事变动、政治改革等便是我们要时刻关注的。

■在有序政治参与的大前提下拓展报道题材

这里有一个报道尺度的问题。我们只能在有序政治参与的大前提下拓展报道题材。比如，人事升迁，以前是禁区，现在却人人改变。

2009年《时政南方眼》第一期，聚焦正省级官员的年轻化现象：截至2008年11月，全国31个省、市、区中，在任的50周岁以下的正副省长（市长、主席）共有66人，占总数268人的24.6%，并对几个特点进行梳理。全国数千媒体转载。

在《时政南方眼》之外，我们同样以此手法经营政治报道。影响最大的就是，2008年“云浮市委原书记郑利平转型”的爆炸性报道。这位海归博士放弃市委书记要职，改任亚行中西亚局首席专家，震动广东乃至全国官场。南方日报较早得到线索，立刻发挥自身优势，努力采访郑利平本人。随后推出整版报道，深入剖析官员的转型出路。这篇独家报道，被《南方都市报》连续两天转载，

A04 深度

原云浮市委书记郑利平转型
新任亚行中西亚局首席专家

官员出路多元 符合国际潮流

通往世界的中国官员

广东云浮原市委书记郑利平转任亚行中西亚局首席专家，震动官场。我们的独家报道自然受到热捧。

《人民日报》等中央媒体纷纷跟进。这组报道立体、深入，被称为政治报道的范本。

破八股，报道手法多样化

■强调背景材料运用整合，强化视域眼光的发散扫射。

传统报道手法，多是一事一报，浅尝辄止。而我们现在强调多种报道手法综合运用，多种报道角度交错映证。强调背景材料运用整合，强化视域眼光的发散扫射。如此，报道立体，方有纵深。

这方面，西方的“解释性报道”值得借鉴。解释性报道，又称分析性报道，是运用背景材料来分析一个新闻事件发生的原因、意义、影响、或预示发展趋势的一种新闻报道 。起源于美国1930年代，直到1950年代后才在美国新闻界占统治地位。在写作技术上，解释性报道带来了继脱离文学而独立、倒金字塔结构的运用之后的“第三次革命”——华尔街日报体的诞生。

■“第三次革命”——华尔街日报体诞生。

在社会转型期，解释性报道是帮助读者认识复杂世界的有力工具。在提供新闻事实的同时，特别善于利用背景材料分析解释新闻事实的发生原因、影响范围、发展趋势以及深层意义。

■怎么报道这次亮相，考验党报的时政报道水平。

我们特别努力在利用背景材料上有所突破。2007年12月，新任广东省委书记汪洋首次亮相，是在省委十届二次全会上。怎么报道这次亮相，考验党报的时政报道水平。结果推出了《汪洋激情纵论解放思想》的特写。我们突破传统报道思路，特别重视背景材料和

南方日报

努力建设公正高效权威的司法制度

省委十届二次全会强调广东要努力争当实践科学发展观的排头兵

以新一轮思想大解放推动新一轮大发展

广东亟需再来一次思想大解放

汪洋激情论解放思想

广东民生工程明年再投247亿

2007年12月，广东新任省委书记汪洋首次亮相，我们突破传统报道思路，重视背景材料和细节运用，结果报道成为被引用的经典篇目。

细节的运用。

这篇不到千字的小文，被各界引用难以计数：

> “汪洋在近两个小时激情洋溢的讲话中,至少有22次讲到‘解放思想’。”
>
> “16年前,后来被小平称为‘娃娃市长’的汪洋,在铜陵市长任上发表著名文章《醒来,铜陵!》,轰轰烈烈拉开了铜陵大地上‘解放思想’大讨论的序幕。16年后,52岁的汪洋要在广东再掀‘解放思想’的大潮。”
>
> “汪洋说,小平说得真好,那时就强调赶‘四小龙’,不仅是要在经济总量上超过,而且要在经济社会各个方面都超过。”

探索严肃政治报道娱乐化

严肃政治报道娱乐化，看起来有些“恐怖”，似乎“离经背道”。事实上，这是“软化”政治硬新闻的一种可能选择。

■“软化”政治硬新闻的一种可能选择

近两年，我们主要是在“两会”报道中进行尝试，颇受欢迎。一个最成功的案例就是“两会炮手”。

每年两会，都会有一些代表委员针砭时弊，言辞犀利。2008年

A04

2008全国两会·网尽两会

两会五大"炮手"谜底揭开

孔祥鸿：最佳"第六人"

2008年，我们首次评选"两会炮手"。

A10

2009全国两会·网尽两会

谁是今年全国"两会炮手"？

奖状

有些"炮手"今年"哑火"了

"两会大炮"是一种能量

2009年，我们转而分析两会炮手为何"哑火"。

是换届之年，《南方日报》在全国两会前夕就抛出"两会已无吴敬琏，谁来接棒当炮手"的议题，列出一些候选人让网友投票预测，最后推出"五大炮手榜"，包括炮轰《劳动合同法》的张茵、炮轰"发改委儿子孙子最多"的卸任审计长李金华、炮轰医改"老是狼来了"的钟南山、炮轰"铁道路春运表现不及格"的葛剑雄、炮轰"钉子户抬高房价"的穆麒茹。

■超越媒体的议题设置，而成为老百姓的一种期待。

2009年，我们继续推"炮手"。"两会炮手"随即被媒体同行广泛推广。自此，"两会炮手"已超越媒体的议题设置，而成为老百姓的一种期待，也成为考察中国政治生态的一个重要窗口。

2010年会期刚到一半，已有外省媒体抢着盘点两会五大炮手，惊呼：新老"炮手"崭露头角，比犀利哥更犀利。然而，透过炮火连天的热闹表象，我们看到了一种正在发生的变化："炮手"已从前两年简单的"敢说真话"，分化为不同动机下的不同表现形态。这也是中国社会利益博弈深入、利益阶层分化的一种体现。

■"中国式议政"

所以，2010年我们不评"五大炮手"，转而讨论炮手分型。把以钟南山为代表的良知"老炮"、朱振中为代表的"人之将退其言也猛"的"官炮"、地产药企老板委员为代表的"私炮"这三种炮手加起来，呈现一个复杂而真实的"中国式议政"。

■担心两会变成"一场全民观赏表演的政治春晚"。

我们也关注到，关于"炮手"话题，开始有了一些质疑。有论者担心媒体对"炮手"的"片面追求和刻意引诱"会变成"一种很浅薄的趣味"，只关心"炮手"的个人秀，而忽视了两会的核心议题，担心两会变成"一场全民观赏表演的政治春晚"①。

① 曹林：《参政议政不在乎当"炮手"》，《中国青年报》，2009年3月7日。

A03

2010全国两会特别报道

团结奋发进取 不负人民重托

□炮手分化转型 □高官公关“考试” □尊严论风行 □“苏珊大妈”走红

两会“四象”透视中国式议政

2010年，当有媒体还在推“两会炮手”时，我们却深入分析“炮手”的分型分化。

这种争议和质疑，说明思考在深入，是一件好事。

■“内场”和“外场”需寻求共振和渗透

我们支持这样一种传播学观点：“两会”存在两个“舆论场”，代表委员参政议政的“内场”和大众舆论的“外场”，在网络介入后，后者更加壮大。在会间，“内场”和“外场”需寻求共振和渗透。让那些报纸读者的声音、BBS上的声音、短信的声音“输入”两会的议题和决策，可以进一步提高社会主义民主政治的效率。

我们为什么期待“两会大炮”？因为他们是场内和场外之间的摆渡者。每一个代表委员的发炮，无论议题如何，其话语的高热力都宛如一次能量的集中爆发，从而打开场内外的通道。由此，汹涌的大众舆论关注和参政议政热情得以共舞，我们相信，这样能产生更大的政治智慧。

■娱乐化的糖衣，其实包裹着严肃的议题。

娱乐化的糖衣，其实包裹着严肃的议题。比如，2009年全国两会期间，我们抓住“刘诗昆劝退刘翔”新闻，全国媒体纷纷跟进，硬是将刘翔“逼”回来开会。背后隐藏着一个非常深刻的主题——代表、委员如何履职？我们的人民代表大会与政治协商制度该怎么走？如何更好发挥代表、委员的作用？

有人担心，中国新闻报道会不会“娱乐至死”？但其实从具体领域看，中国大陆的体育、文艺这两个领域的新闻报道或许已与香港甚至世界接轨、有“娱乐过度”的问题。但其他领域尤其是政治新闻，远远没到这个程度。

改革开放30多年，中国最大的变化就是回归常识性，所以政治

2009全国两会
“刘翔跑不了可以退赛
不开会也该退出政协”
金融危机，都是男人惹的祸？
今年预计发射卫星15—16颗

2009全国两会
刘翔委员昨日开会啦！
中国大飞机2014年首飞
危机过后，农民工将逐步返城
“水景豪宅”三月特惠献礼

2009年，我们以娱乐化报道的形式，和众媒体一道“逼”着请假缺席全国政协会议的刘翔回来开会。

人物的传播形象也在慢慢发生变化。2008年，南方报业旗下的《南方人物周刊》公布的“中国魅力50人”名单，两岸三地政治、文化、商业、娱乐、体育界等共50人上榜，重庆市委书记薄熙来列第一位，被封为“俊朗之魅”。

■一本正经、不苟言笑、说话得体的扑克牌形象。

长期以来，中国的政治人物充满着神秘感，人们在媒体上看到的只是一些一本正经、不苟言笑、说话得体的扑克牌形象。很少有人将政治人物的这种立体形象搬到平面媒体上，呈现给公众。魅力排行榜的出现，让我们看到了在一定程度上娱乐化的政治人物。

所以，政治报道的娱乐化，本身是时代进步的产物。在报道操作层面，也符合我们熟悉的新闻价值要素中的大部分成分，比如显著性（名人）、趣味性、接近性（心理接近性）。

■政治报道的娱乐化，不应该沦为对花花草草的议论，而失去对国计民生的关注。

当然，娱乐化潜藏的问题也必须引起注意。政治报道的娱乐化，不应该沦为对花花草草的议论，不应失去对国计民生的关注。

我们相信，只有当一个国家的政治是可以预期的，并且政治人物愿意遵守既定的规则，确保公民的权利不受损害，政治报道的娱乐化才真正有社会价值。

结语

2000多年前，亚里士多德满怀激情地说：政治学是最高的科学。

■政治学是最高的科学。

对每一位以政治报道为业的记者来讲，这当是职业热情的最终皈依。

2000多年后，当我们即将进入一片宽阔无垠的政治蓝海，且以韦伯的演讲《以政治为业》作结：

> “政治是件用力而缓慢穿透硬木板的工作，它同时需要激情和眼光。
>
> 即使是那些既非领袖又非英雄的人，也必须使自己有一个坚韧的心……
>
> 一个人得确信，即使这个世界在他看来愚陋不堪，他仍能够说：等着瞧吧。只有做到了这一步，才能说他听到了政治的召唤。”

■听到了政治的召唤。

附一 >>

重大会议报道的"胜经"①

——近年来《南方日报》的策划演进与突破

■会议报道是时政记者的必修课。

会议报道是时政记者的必修课。既服务好中心，又要精彩可读，常常是一个两难选择。从业以来，我有幸参加了《南方日报》一次次的重大会议报道，亲历了其中不断改革突破的艰难历程。梳理这一发展脉络，可以总结出若干具有启示意义的报道财富。

从亮点看重大会议报道的策划演进

重大会议非常严肃，搞不好就走入程式化、平庸化的老路。大会主题当然要报道好，但要通过报道强化主题，就必须加强策划，打造亮点，开拓报道的空间。

十六大报道：多角度相映成趣

"官方视角"一向是《南方日报》会议报道的长项，但面对新闻竞争和读者需求，必须开发"专家视角"和"平民视角"作补充。对此，我们在报道党的十六大过程中做了卓有成效的尝试。除了报道好大会本身，我们的记者想尽办法，"掘地三尺"，采访中央党校教授蔡霞、《瞭望》总编辑姬斌、清华大学教授蔡继明、中国国情研究权威胡鞍钢、北京大学教授林毅夫等著名专家学者，基本做到每日有专家点评，较好地完成从"专家视角"看盛会的任务。

■把大道理与小道理巧妙地用新闻事实连接起来

此外，我们还开辟"盛会旁观"专栏，让外围记者保持旁观者的姿态，感受会场外的北京新气象。这样，读者在大会"主流"信息轮番轰炸后，还可以看到来自场外的情况，读起来比较新鲜。比如，《北京人言行新标杆》就是从出租车司机随口而出的一段话，引发到"三个代表"理论在社会大众中的普及，角度比较新颖，把大道理与小道理巧妙地用新闻事实连接起来，充分展现了十六大中的"平民视角"。

① 这是2010年全国两会后整理的一份业务交流报告。

十七大报道：场内新闻与场外新闻比翼齐飞

■开拓场外新闻，与场内新闻比翼齐飞。

作为省委的旗帜，《南方日报》在党的十七大报道中最重要的任务就是做好随团采访报道工作，为大会的顺利进行营造良好氛围。同时，我们开拓场外新闻，与场内新闻比翼齐飞。

一是采访给中共中央政治局集体学习作讲解的专家，就有关话题作深入报道。党的十六大以来，中共中央政治局一共进行了44次集体学习。每一次集体学习的主题，都是经济、政治、文化、社会和党的建设所必须解决的重大课题。采访这些专家，可以加深对许多问题的理解。我们一共采访了6位专家，发出了《可持续发展要靠党的可持续发展》、《十七大报告让中国民众吃下"定心丸"》等一批有分量的稿件。

二是与社科院"广东发展与中国道路"课题组专家对话，探广东先行之路。党的十七大对中国特色社会主义理论体系进行了概括，强调坚持走中国特色社会主义道路。在中国特色社会主义理论形成、发展过程中，广东作为先行者、排头兵，做出了特殊的贡献。我们在采访中了解到，中国社会科学院与广东省合作了一个课题，专门研究"广东发展与中国道路"的关系。该课题已经结题，成果即将发布。经过积极争取，我们成为获准提前采访并发布部分成果的唯一媒体。于是，《广东实践证明中共能驾驭市场经济》、《广东对我国民主政治建设有双重贡献》重磅报道相继推出，反响强烈。

2007年全国两会：报网互动初出江湖

■"京粤博客"、"网尽两会"等栏目成为品牌。

如何利用新媒体的优势，做好主题宣传？2007年的全国两会，我们开始了报网互动的尝试。也正是从那时起，"京粤博客"、"网尽两会"等栏目成为《南方日报》全国两会报道的著名品牌。

从2007年的实践来看，我们整合集团各大网络，通过报网互动，共享资源，以统一的网络平台和高质量的报网互动，扩大了南方报业"两会"报道和网络的影响。在具体操作方面，我们通过网络语言和网络风格将新闻搬上网，与网民形成互动，并将网民的精彩意见反馈到报纸上。最抓眼球的是，《南方日报》依托长期以来积累的政治资源，邀请代表、委员和相关专家、官员作客专设在北京的网络直播厅，就热点话题与读者、网民互动，取得成功。那时，我们曾戏称负责网络直播厅的同志为"厅长"。

2008年全国两会："跨团听潮"树立全国视野，"两会炮手"打响全国

全国"两会"的信息量很大，非常需要统筹与策划。2008年的全国"两会"，"跨团听潮"和"两会炮手"成为最大亮点。

■报道触觉伸向广东省外

虽然是地方媒体，但《南方日报》没有将目光局限在一时一地，而是主动将报道触觉伸向广东省外，推出"跨团听潮"专栏，以全国视野来报道两会。当时考虑到，上海浦东新区、天津滨海新区、重庆、成都、武汉城市圈和长株潭城市群，先后被中央确定为综合配套改革试验区，中国新一轮改革试点布局基本完成。新"特"区在干什么？需要我们去关注，去报道。把这些新特区的最新经验及成果带回广东，可以更好启迪思维。

■"两会炮手"就是会议现场热辣新闻与重点策划"共谋"的产物。

我们还在经营热点话题方面下大工夫。在往年的基础上，我们扩充报道小组成员，以较多兵力扑向各个会场，捕捉话题。"两会炮手"就是会议现场热辣新闻与重点策划"共谋"的产物。比如，"张茵是否为富人代言"、"彭磷基指责政府害怕上访而牺牲富人利益"、"葛剑雄炮轰铁道部卖票不及格"等反响强烈，"炮手"一词打响全国。

2009年全国两会："同题作答"深化报道

我们采取多种报道方式，通过精心策划，让报道呈现出集束效应。在珠三角发展规划的报道上，除了采访广东各界的贯彻落实情况，还策划佛山市和苏州市市长"同题作答"，从全国区域发展的宽阔视野审视思考珠三角的一体化发展。

在对大会医改热点的报道中，我们除了多方采访，为读者报道更多医改信息外，还请钟南山院士点评医改，并策划他和卫生部部长陈竺"同题作答"，深化了报道。

2010年全国两会："两会苏珊"全国关注

我们继续坚持宣传与新闻双赢、高度与贴近统一的原则，报道两会。吃透上级精神，我们突出基层代表，开设"两会苏珊"专栏。

■尽管这个社区党委书记，和此前发言的省、市领导比只是个"小官"。

南岭村社区党委书记张育彪代表说："我在报纸上看到有报道，广东某个城市现在是360天看不到星星，当时我马上走出门口观察我们村的星星，虽然下着小雨，但是还能看到3颗星星，我很欣慰。"他说，三旧改造，不光要对地负责，也要对天负责。尽管这个社区党委书记，和此前发言的省、市领导比只是个"小官"，但

是他的一番妙论却让我们的记者一振。这不就是“苏珊之音”吗？这样，第二天的《南方日报》头版就出现了张代表的大幅照片和精彩发言。

来自梅州的农民代表赖秀华在发言中有点不好意思地说，在众多领导和名人之间，自己作为农民代表来到首都，“在兴奋之外，也有一点孤独的感觉”。这不经意的一句话打动了我们的记者，后来《南方日报》“没有人天生讲话水平高”的报道引起了很多基层代表的共鸣。

■没有人天生讲话水平高

我们对“两会苏珊”的报道，得到了中共中央政治局委员、省委书记汪洋的表扬。两会闭幕时，《人民日报》对我们挖掘“两会苏珊”的情况作了详细报道。

从策划演进看重大会议报道的“胜经”

我们的重大会议报道，在不断解放思想、不断改革创新中做大做强。那么，如果有南方“胜经”的话，会是什么呢？

资源整合

整合集团资源是近年来南方日报重大会议报道的独有优势。每一次新闻大战，南方日报都不是单兵作战，我们背后是整个南方报业传媒集团。长期以来，集团旗下的《南方日报》、《南方都市报》、《南方周末》、《21世纪经济报道》、《南方农村报》、《南方》杂志、南方网等都在各自领域树立了自己的权威，积累了丰沃的采访资源。因此，由《南方日报》牵头整合南方报业的旗下资源，组建集团军，实行大兵团作战，战斗力成几何级递增。

■组建集团军，实行大兵团作战，战斗力成几何级递增。

当然，整合不是撮合，不是要消灭个性和独家新闻，而是要在重大会议报道这样一个新闻战场上，集中南方报业的优势兵力，协同作战，努力实现成本的最小化和效果的最大化。以全国两会为例，从2007年起，集团专门成立全国两会报道领导小组，由主要领导担任组长，并在前方设立集团总协调。南方报业旗下11报8刊3网几乎都派人参加报道两会。

■整合不是撮合，不是要消灭个性和独家新闻。

为了更好整合采编力量，我们建立了全国两会每日例会制度。集团领导每天在北京驻地召集各单位领队开例会，沟通每日选题情况，互通有无，分兵作战，优化配置采访资源，进一步提高报道品质。这样，可以科学布防，合理分配人力，一些非独家的采访，统筹考虑，不必重复派人，把有限兵力投入到更多的战场上去。

从2007年开始，集团开始建立稿件互通平台，由专人负责。

即使是一些“独家”的采访，也会互相通气。因为有时候自认为是独家的，可能兄弟媒体已经有了，提出来讨论可以互相补充，提建议，提高稿件质量和影响力。

稿件的整合体现了“1+1＞2”的报道效果。南方军团也就由单打冠军，变成团体冠军。比如，2007年全国两会，黄细花代表质疑银行卡跨行查询收费，国家银监会特地前来解释，南方日报和南方都市报分头采访黄代表和银监会，然后又携手说服黄代表打消顾虑，同意我们独家发稿。这篇稿也是宣传人大制度不可多得的好报道。

机制创新

■横向联动、前后联动、跨省联动。

在实践中不断寻求报道机制的创新，是南方日报重大会议报道越做越好的根本保障。在有效整合集团资源的基础上，我们建立完善了“三动”报道机制——横向联动、前后联动、跨省联动。

横向联动机制。就是集团各报、刊、网之间联动，是在集团资源整合的基础上实现的。近几年来，依托资源整合的集团横向联动机制，为重大会议报道增添了很多亮色，成效显著。

前后联动机制。就是前后方的采编联动和采访的前后方联动。

精彩的报道内容没有后方编辑的精心编辑，是很可怕的。所以，我们一直都很重视重大会议报道中的采编联动。在全国两会中，每天上午的采前会，前方报道组先报题，与后方编辑部沟通情况。下午的采编协调会，再次进行报题，与后方编辑沟通，初步确定版面安排。晚上的编前会，编辑部根据前方提供的版面安排建议，参考其他情况（如新华社稿），最后确定版面安排，并向前方反馈。这样的流程实际上是把部分编辑部职能让渡给前方，由前方完成稿件的初步选择、分类、整合，从而极大提高了效率。

■实际上是把部分编辑部职能让渡给前方。

采访的前后联动主要体现在重大选题策划方面。在重大会议报道中，一旦确定了重大的选题，前后方的记者将同时动起来。这种模式在2010年的全国两会上有了新的突破。我们立足做好热点话题，将“南方深读”板块植入“两会”报道中。为此，我们将后方的记者发动起来，结合两会热点话题进行调查采访，并将采访情况反馈到两会现场，由代表委员给出回应。这样，我们重点策划了三组深度报道：一是海南、湛江房价调查，二是由“阿凡达热”看广东文化产业，三是大学生“蚁族村”调查。尤其是房价调查，连续推出了3篇，每一篇都以扎实现场调查为基础，受到读者追捧。

跨省联动。每逢大型新闻战役，我们都更加注重加强与兄弟媒体的联系与合作，借力共赢。

加强与兄弟媒体、网络媒体的联系与合作。

在省级党报方面，我们这几年经常与《四川日报》、《湖南日报》、《广西日报》、《云南日报》、《贵州日报》等合作，形成了联动机制。2007年，我们联合采访几大省区的发改委主任，报道泛珠合作最新进展。2010年的全国两会，我们与《四川日报》联手推出《粤川联手为农民工撸工》专题，双方记者联合采访、联合写稿、联合刊发，效果很好。同时，我们还与广西、云南、贵州三省（区）党报共同推出“泛珠东盟”大型联合采访活动。通过联合采访四省区党政领导，集中展示深化泛珠区域合作成果，为实施好东盟战略积极鼓与呼。

在网络媒体方面，我们依托南方网、南方报网与众多门户网站合作，逐渐由单一的报网互动逐渐发展成全媒体滚动的态势（下文详述）。

话题设置

话题设置是重大会议报道出彩的关键所在。重大会议报道的话题设置需要完成两个任务：主旋律话题设置，做好舆论引导；热点话题设置，体现党报改革的成果。

主旋律话题设置，做好舆论引导；热点话题设置，体现党报改革的成果。

一直以来，宣传与新闻双赢、高度与贴近统一都是我们坚持的根本原则，“用新闻的手段做宣传”的观念扎根每一位记者心中。每一次大会，我们都会将主题宣传与会议热点结合起来，既做好统一部署的规定动作，将大会主题、重点、热点报道好、宣传透，又做好自选动作，将新闻报道做好做充分。在经营具体题日时，则充分贯彻“高度决定影响力”的理念，做到“人无我有，人有我优”，做出南方的高品位。

2010年的全国两会，我们报道组成员就做了扎实的功课，会前周密策划，形成了“两会苏珊”、“深读广东厅”、“两会热议战危机”等重头主旋律话题。报道推出后，广东团的很多代表都认真阅读，展开讨论，成功实现了两会舆论的强势引导。

在做好主题宣传的同时，经营好新鲜热辣的新闻报道一直是个难题。一般来说，全国两会这样的重大会议报道都存在海量的报道信息，将有用的信息抓到手并从中选好热点，以巧妙的议程设置，实现报道的突破。

以巧妙的议程设置，实现报道的突破。

比如，我们从2008年设置两会“炮手”话题开始，不断深化这一话题。当年是评选五大“炮手”，一炮打响。到了第二年，许多媒体也跟着推选“炮手”。我们却转而分析为什么上一年的“炮手”到了本年纷纷“哑火”。当“炮手”现象越来越热时，有些媒体酸酸地批评我们引爆这个话题，还有人质疑这是不是搞“政治春晚”。但“炮手”话题设置的成功，是不容争辩的事实。所以到2010年，会期刚到一半，已有外省媒体抢着盘点两会五大炮手，惊呼：新老“炮手”崭露头角，比犀利哥更犀利。我们却透过炮火连天的热闹表象，看到了一种正在发生的变化：“炮手”已从前两年简单的“敢说真话”，分化为不同动机导引下的不同表现形态。于是，转而做“炮手”的分型分析。在炮手话题的经营上，我们可以说是“一步领先，步步领先”。

■“一步领先，步步领先”。

全媒体

■尝试打通全媒体报道的实现通道

随着网络媒体的高速发展，报网融合的态势越来越明显，全媒体发展战略应运而生。我们的会议报道这几年一直承担一个功能，就是为全媒体发展先行探路。

在全国“两会”这个平台上，我们与集团内部的网络媒体联手，并外联新浪、网易、腾讯，有效运用微博、博客、网络直播、在线互动等多种网络传播手段，既擦亮了《南方日报》两会报道的品牌，又尝试打通全媒体报道的实现通道。

目前，《南方日报》的会议报道已经形成了三大相对成熟的全媒体报道方式：网络直播、即时滚动和微博。

网络直播。我们整合集团内网资源，与他们携手邀请代表、委员和专家、名流来到网络直播室进行访谈。同时，对会议的一些重要议程、活动进行在线直播，第一时间将重要信息呈现给网友。

即时滚动。在全国两会上，我们通过“带你开两会”等栏目整合网友集中关注的问题，由记者转给前方代表，并将前方的动态信息第一时间播报到网络上。这种滚动报道既包括文字图片，也包括影像声音，既有互联网传输，也有手机传输，确确实实是全媒体报道两会。

微博。《南方日报》外联腾讯、网易、新浪，尤其是在新浪网上开设了南方日报官方微博，并在报纸的相应版面中开设微博专栏，以记者微博的形式，及时向网友传递两会信息。

■有利于舆论引导新格局的建立

通过这三种全媒体报道方式，《南方日报》极大拓展了会议报道的信息来源。同时，报纸联手网络开展报道，也大大增强了传统媒体的影响力，有利于舆论引导新格局的建立。

附二 >>

战役性报道的机制变革与战法创新①

年年两会，年年新闻战。

换届、改革开放30年、奥运，使得今年两会与往年不同。两会开放程度增加，也吸引国内外媒体加大投入。其中，地方媒体集团正崛起为一支重要力量，不断影响着报道生态。

■对重大战役性报道来说，两会新闻战正是难得的教材。

对重大战役性报道来说，两会新闻战正是难得的教材。本刊记者深入南方报业传媒集团、江苏广电总台（集团）、浙江日报报业集团三家媒体集团两会报道一线，解剖其战略战术，以资借鉴。

集团战

资源整合是今年南方报业传媒集团两会报道重要特点。南方报业参与两会报道记者大多住在同一饭店，集团总协调人每天下午3点半召集旗下所有参与报道的媒体举行例会，各报负责人向集团总协调人汇报各自选题和工作。

■参与报道的媒体举行例会，各报负责人向集团总协调人汇报各自选题。

汇报会的功能有二：

首先，交流新闻线索。集团各报（以《南方日报》《南方都市报》《21世纪经济报道》为主）将其当日选题和线索在会上公布。每份报纸都可以通过兄弟报纸掌握的线索查漏补缺，如果需要，可将兄弟报纸掌握的线索直接拿来，让自己的记者采访跟踪。

其次，直接调配稿件。如果兄弟报纸的稿件可直接使用，不需要重新采访，则可直接将兄弟报纸的稿件拿来刊用。举例来说，如果《南方日报》对《21世纪经济报道》提到的某个选题感兴趣，要求使用，那么，《21世纪经济报道》相关编辑人员会在当晚收到记者稿件的同时，将其直接发送给《南方日报》相关人员，由《南方日报》编辑按照自己的方式编辑处理，并据此调整版面。

---

① 这是《中国记者》记者张垒的专题报道，发表于《中国记者》2008年第4期。

更多合作发生在会议之外。

1. 共享采访资源。《21世纪经济报道》是一家全国性报纸，在北京有上百人的采编队伍，和北京各机构的专家、企业家较为熟识。《南方日报》和《南方都市报》可以要求它协助联系采访对象。接到请求后，《21世纪经济报道》会帮助兄弟报纸约请好采访对象，安排好采访的时间地点，由兄弟报纸记者完成采访。同时，它也可以为兄弟报纸提供采访对象的电话，由兄弟报纸记者直接联系采访对象。而《南方日报》则可以帮助《21世纪经济报道》协调各代表团，尤其是广东代表团的关系，同时，由于《21世纪经济报道》的两会记者证有限，它还可以请《南方日报》或《南方都市报》的记者帮助约请采访代表委员，或者直接请它们代为采访。

2. 合作开展大型报道策划。比如对大部制改革的报道。《南方日报》《南方都市报》《21世纪经济报道》等几家合作，《南方日报》集中精力采访代表委员，《21世纪经济报道》主攻中央部委以及研究机构专家，通过合作，各报都大大扩展了各自的视野范围。一个典型的合作出现在两会前期：《南方周末》采访了肖扬、李金华；《21世纪经济报道》采访到李毅中。采访完成后，所有稿件及信息在集团内共享，各报根据本报特点进行改写补充。第二天，3月6日，三个重头人物专访在南方报业旗下几大报纸一起推出、同时见报，造成强大声势。“细分市场上各有各的长处，没有人能包打天下，大家都分兵突进，这样就形成了强大的战斗力。”南方报业北京两会报道总协调人兼《南方日报》负责人段功伟说。

■细分市场上各有各的长处，没有人能包打天下。

3. 将“慢媒介”直接编入“快媒介”战斗序列。此次两会报道，南方报业旗下《南方》月刊亦有两个上会记者名额。在北京，《南方》月刊的记者被直接编入《南方日报》两会报道小组，在为杂志采写新闻的同时，直接服务《南方日报》的日常报道。此外，南方网等其他媒体也由《南方日报》直接调配。

对不少媒体集团来说，资源整合既是理论上的优势，同时也是其现实上的“短板”。此次两会成为南方报业实践其“聚合”战略的练兵场，目前来看，效果颇佳。原因何在？一个前提条件应该是南方报业自身的特殊性：旗下各主要媒体定位有明显区分，所针对的细分市场较少重叠。其次，集团领导对资源整合高度重视。《南方日报》两会报道负责人段功伟笑言：集团社长在两会报道开始前特意强调内部整合，“走出了报社，我们的竞争对手不是自己内部的报刊网，而是外边，而且要有眼光跟国际的媒体叫板。”

■要有眼光跟国际的媒体叫板。

此外，南方报业还建立一套成文或不成文的规定，以保证各报的核心利益。比如，集团各报虽可以直接刊用其他报纸采写的稿件，但需在刊用时注明稿件采写者所在报纸的名称（如《南方日报》以“21世纪经济报道记者某某”的署名报道新闻）。《南方日报》段功伟说“其他报纸用还是署我们的名，所以我们之间就没有任何防备心……我们的不同通过我们各自的风格、报纸的定位来体现。”

■通过我们各自的风格、报纸的定位来体现。

同样，以《南方周末》采访李金华的稿件为例，文章原文有一万多字，《南方周末》将李金华的主要观点从原文中抽出，编辑成大约2000字的“简版”传给《21世纪经济报道》。这既保证了《南方周末》的核心竞争力，也满足作为日报的《21世纪经济报道》的需要。而巧的是第二天是周四，作为周报的《南方周末》在这时与集团其他报纸同日出报。“如果不是同一天出版，我们就不能用。只能当天同时出版才能用，绝不能提前出版别人的东西。”《21世纪经济报道》编委、两会报道负责人符定伟说。

电子媒介的资源整合更为方便。今年两会，江苏广电总台的报道队伍整合了多家电视台、电台和网络。电视台在北京设置专门的两会演播室，而电台则将演播室节目全程录音，然后进行后期加工并播出。电视台将拟定的代表委员访谈话题先交给网站，由网站在网络上发布预报。感兴趣的网友则在电视台直播访谈时，通过网络现场提问，代表委员即时回答。这样，不仅实现了电视台与网站的整合，并且发挥了电子媒介互动优势。

指挥部前移与流程重组

重大战役性报道往往要求“快、准、深”。为适应这些特殊要求，“编辑部前置”成为大家普遍尝试的新战法。

■“编辑部前置”成为大家普遍尝试的新战法。

今年两会，“编辑部前置”对不同媒体有不同含义。江苏广电总台将北京两会报道独立出来，冠以“两会直通车”的总称，除程序性报道外，“两会直通车”还分设“高端视点”“两会新看点”“走进演播室”“声音”“代表（委员）播客”子栏目。其所有报道从采到编以及主持人出镜串连全部在北京完成，传回南京的基本上是可供直接播出的成品。特殊情况下，也可以实现北京演播室现场直播。江苏广电总台为此派出50余人、包括采编与技术人员的庞大报道队伍，开出直播车，相当于在北京组建了一个相对完整的中小型电视台。

而对报刊来说，“编辑部前置”则更多体现为报道“指挥部”前移，以及与之相伴的采编流程重组。

南方报业属下几份报纸基地都在广州，北京力量有限。基于成本考虑，其两会北京报道团的构成以记者为主，而随队的一两名编辑，往往主要负责网络和电子版。以《南方都市报》为例，这一20余人的报道团队包括8个部分：上会记者（持有两会记者证）；机动记者（主要辅助上会记者）；专家访谈与深度报道记者；摄影摄像记者；经济报道记者；多媒体直播室；奥一网；南都数字报工作人员。除奥一网和南都数字报各由1人负责外，其他几个小组的规模均在2-4人之间。

《南方都市报》的这一报道团队事实上横跨了不同媒介：报纸与网络，文字报道与音视频直播；不同报道形式和报道领域：动态消息、时政专题以及财经报道，担负着各种报道职能。换句话说，前方力量几乎全部是一线的新闻采集，这给前方报道的组织指挥，以及前后方沟通的效率提出的要求相当高。

■在重大报道时就演变为采编流程的临时重构

实现这一点，不仅需要得力的“前方总指挥”，同时需要建立一整套有效的前后方联动沟通机制，这一机制，在重大报道时就演变为采编流程的临时重构。流程变化在《南方日报》的两会报道上体现得最为明显。

《南方日报》两会报道的采编流程大致如下：

0:00（即晚上12点）：所有北京两会报道记者开会，根据第二天（或称当天）的议程、热点以及前一日采访情况，商议决定第二天各记者的关注和报道重点—11:00：采前会。北京记者不参加，北京两会报道负责人（段功伟）此时与广州编辑部沟通情况，同时在网上报题。之前，段功伟不断听取记者采访反馈、并调整选题和报道计划—15:30：与集团兄弟报纸北京两会报道负责人交流选题—16:30：采编协调会。段功伟再次向广州编辑部报题。编辑部则在此时开始“订版面”，确定给两会报道留出的版面空间，半小时后，编辑部将一份标有各版广告占版情况的空白版面安排表传给段功伟。段功伟则根据版面及广告占版情况，初步确定（或建议）各个版面的主题和稿件安排—20:00：编前会。编辑部根据段功伟提供的稿件安排，加上北京力所不逮，须由编辑部采集处理的其他稿件（如新华社通稿），再次进行调整拼版，并分交各位编辑—23:00：截稿。

■实质是把部分编辑部职能让渡给前方指挥部

这种流程变化实质是把部分编辑部职能让渡给前方指挥部。前方指挥部可以根据稿件及版面情况灵活安排，在前方就完成稿件的选择、分类、整合。这时，后方编辑部的主要职能就变为支持和“补台”。也就是说，整个编辑的重心也由后方前置到一线。

其主要功能是提高效率，缓解“出早报”和最大程度争抢“最后新闻”的矛盾。

■缓解“出早报”和最大程度争抢“最后新闻”的矛盾。

段功伟说，“记者写稿不是一次性发回去，可能是在晚上10点，甚至11点，等编辑看到稿子的时候已经很晚了，再调整就变得很困难。我们就告诉他（编辑）第三版做大部制，第四版做解放思想等等，每个版要放哪些稿。记者写完一条，我们这边过一遍发回去，编辑部就分稿给各个编辑。这样效率就高了……我们前几年报道两会没有这么做。稿子写一条甩一条，等稿子收齐，再去分稿已经来不及。报纸越出越迟。”

“我们自己也有数。比如大部制，不能都写大部制，写成3个版的量也不对啊，我就告诉采写大部制的记者：明天只有三分之二版，每个人就写哪几条，不要做无用功了。这提高写稿的效率。”

由此，《南方日报》的两会新闻截稿时间比平时向后推延了一个小时。

与《南方日报》相比，《21世纪经济报道》则在北京前线和广州编辑部各设置一名报道协调人，统筹两会新闻采编。北京协调人负责协调前方报道，以及人力的统一调配（今年两会，《21世纪经济报道》除北京外，还分别从上海和南方新闻中心调配8名记者从事报道）。所有与两会有关的选题，包括两会之外其他记者采访到的相关内容，全部汇总到北京。北京协调人统筹完当日两会稿件后，统一发送到广州编辑部。编辑部的报道协调人则负责根据稿件协调版面。

作为一张全国性报纸，《21世纪经济报道》与《南方日报》不同，它在全国各地均有相当数量的采编网络。一个两会相关的选题，它可以调动各地记者进行配合或背景性报道。同时，这使其后方也承担相当重要的指挥调配工作。双重协调人的设置某种程度上形成了两个中心，将北京与各地、主体与配合有机连接在一起。事实上，在《21世纪经济报道》矩阵式的采编架构下，前后方的概念已经变得日益模糊。

■双重协调人的设置某种程度上形成了两个中心

多“兵种”多形态联合作战

小组配合战

由于获得两会采访证件的记者有限，为最大限度发挥上会记者的作用，不少媒体将记者分工进一步细化，以小组合作的形式进行报道。

首先，会内与会外记者组成报道小组，开展合作。如《南方都市报》4位报道政协会议的记者组成一个小组。其中两名负责会场报道，另外两名则在会场外机动。场内记者约请委员，而由场外记者完成采访。

其次，将采访与写作分离。针对一些特定地区或特定领域读者关注的新闻发布会，由熟悉这一地区或领域的记者拟出采访提纲，交由上会记者提问。然后，上会记者将发布会上获得的信息和对提问的回答（录音）交给采访提纲拟定者，由提纲拟定者完成新闻的写作。上会记者只完成采访过程，准备工作及稿件写作均由更熟悉情况的记者完成。这样做可以在资源有限的情况下，使其报道在深入和专业性上获得更大提升。

■在资源有限的情况下，使其报道在深入和专业性上获得更大提升。

“比如说，上会记者去参加深圳市长的发布会，我们来自深圳的同事就要给他准备问题。上会记者去提问，回来（把录音）交给我们这个深圳的同事，然后去干另外的事。”《南方都市报》北京两会报道负责人魏海波说，“深圳的记者对深圳的情况更了解，对哪些要深圳本地化的也更清楚，这样，我的报道就可能会比其他媒体更深入。”

跨部门、跨区域作战

选题“承包制”

两会探讨的问题是日常新闻热点的集中体现。为使报道做出深度，往往需要调配长期跟踪一些热点问题的记者参与报道。

■选题“承包制”

这次两会，《21世纪经济报道》采取了一种“分包”的方法，让一些从事某一行业或深度报道的记者围绕两会热点，独立完成相关专题。比如，整个两会期间，抽调地产记者做一期与地产有关的两会专题。这名地产记者不负责动态消息，这期专题是他两会报道的唯一任务。这名记者需要在之前酝酿选题，并将选题交给两会报道负责人，负责人认可后，由这名记者完成采访制作。

当然，两会重点随时变化。除了少数固定专题外，其他专题策划也要不断改变更新，这些仍旧由专职两会报道的动态记者分工完成。

北京报道，全国配合

两会战场在北京，也在全国。两会的一些重点议题往往需要前方记者和后方记者配合完成。在两会召开前后，《21世纪经济报道》地方记者已经提早介入专题的采访。

比如有关“大部制”的报道，《21世纪经济报道》在具体方案公布前便协调区域记者赴江苏、随州等进行过类似改革的地区和城市采访，探讨其尝试的具体内容、评述其改革的成败利钝。以和即将公布的大部制改革方案互为参照。

“地方实践”的采访在大部制的动态新闻产生前已全部完成。这样，大部制方案一旦在两会上公布并付诸讨论，有关新闻就可与预制好的内容一起推出，迅速以专题的形式见报。

互动战

为强化两会与百姓，特别是本区域百姓的相关性，发挥每个百姓“参会”积极性，《浙江日报》采取了百姓与报纸、百姓与代表委员“互动战”的报道模式。

■百姓与报纸、百姓与代表委员“互动战”

首先，在两会正式开始前的一两天，在报纸上公布北京上会记者的电话。百姓可通过这些热线电话直接联系记者，告知其想向代表委员提问的具体问题。

其次，为体现针对性和贴近性，以城市和内容对问题进行分类。所有提问和答问的内容均围绕“民生”话题，具体以十七大报告提出的五个民生重点—“劳有所得、学有所教、老有所养、病有所医、住有所居”—切分，两会期间共做五期，每期探讨一个重点。在对话对象的选择上则以城市区分。每次对话对象均以两个浙江城市为主：提问的是这两个城市的“家乡百姓”，回答者则主要是来自这两个城市的人大代表、政协委员。比如在3月12日“京浙零距离—代表委员连线家乡百姓”栏目中，探讨的主题是“老有所养”，而对话对象则主要来自温州和丽水。

下篇 >>

行

第一章 >>

机关报如何经营社会新闻[1]

——从《南方日报》“包机救人”报道谈起

■一曲人道主义大协作的赞歌

今年[2]6月3日，《南方日报》在头版头条位置发表了长篇通讯《为了一个受伤弟兄》，在全国引起强烈反响。文章讲述的是一个抢救打工仔生命的感人故事：在武汉“广广蛇府”打工的江海水不慎被毒蛇咬伤，餐馆老板不惜重金包专机连夜送他到广州抢救。同时，数百人不管认识还是不认识江海水的，都不计得失，自觉参与抢救，各尽所能，谱写出一曲人道主义大协作的赞歌。

文章见报后，从黑龙江到海南，从陕西到江苏，全国多家新闻媒介或转载或跟进报道，无数读者抑制不住声声赞叹，向“广广”老板学习的声浪此起彼伏，帮“广广”走出困境的活动接二连三。

中共中央政治局委员、广东省委书记李长春看了报道及《包机救人告诉我们什么》系列讨论之后，作出重要批示，称赞报道抓得好，省委常委、宣传部长于幼军要求省内其他媒体配合跟进，将这个精神文明建设的好题材做好做透。

当整个报道圆满结束时，广东省委副书记黄丽满也在南方日报发表署名文章，称赞这是“深入人心的成功典型报道，精神文明建设的生动教材”，要求新闻媒介认真总结包机救人的报道经验，多出这类佳作，为社会主义精神文明建设作出更大的贡献。

包机救人报道也引起了新闻界同仁的巨大兴趣，大家思索这么一个问题：作为机关报弱项的社会新闻，何以取得如此的成功？机关报究竟应该怎样经营社会新闻？

坚持政治家办报　提升社会新闻的层次

的确，“包机救人”事件本身是一则扣人心弦的社会新闻，可读性很强。但它不像一般社会新闻那样靠轻松猎奇取胜，而以严肃

---

① 这篇论文发表于1999年9期《新闻战线》，与王春芙、陈广腾合作。

② 指1999年。

厚重的文字，深深地打动读者，留给我们无尽的思索，其显示出的强烈教育意义和引导舆论功能丝毫不亚于正统的典型报道。

■“眼光”的胜出

对此，很多人惊讶不已，将成功归结于包机救人题材本身的丰富内涵和引人入胜上。这只说对了一半，因为在广东开始做这条新闻的并不只南方日报一家，但最终胜出的却是南方日报。这种成功更大程度上是“眼光”的胜出。

《南方日报》是和广州其他新闻媒介在同一天知道包机救人线索的，发出的第一篇报道与其他媒介也无二致，是一篇地道的社会新闻。但是接下来，分野就出现了。

■回答了一代人的道德问题

在对此事追踪过程中，其他媒介仍然停留在炒卖社会新闻的层次上，详细追踪包机救人的一些旁枝末节，追求的是读者对这则社会新闻的好奇心，果然，没几天就炒完了，鸣锣收兵；但《南方日报》从发表第二篇文章《为了一个受伤弟兄》开始，拿出大量重要版面，大张旗鼓地对事件本身的意义进行了发掘，报道从灵魂深处打动和净化着读者。南方日报敏锐地感到，包机救人除了事件本身有可读性外，还生动反映了新型劳资关系和新型人际关系，回答了一代人的道德问题：在市场经济条件下，在社会转型期，在金钱与道义之间怎么选择？这才是新闻的真正价值所在。本着对这种意义的追问，记者对包机救人的材料进行判断取舍，一气呵成，写出长篇通讯《为了一个受伤弟兄》，不仅详细报道事件本身，还对事件意义进行提升归纳，使读者在满足好奇心之余，又受到了一次深刻教育。接着，在此后持续月余的时间里，南方日报对包机救人事件继续追踪，发表了《慷慨花钱救人值，“广广”临困不言悔》等一系列文章，深化读者认识；同时，又邀请专家座谈，发动读者讨论，对事件的意义进行淋漓尽致的发掘。

■透过社会新闻的可读之处，挖掘事件本身的意义，对社会生活进行理智的干预引导。

《为了一个受伤弟兄》见报后，读者中有人怀疑打工仔江海水一定是老板的亲戚朋友或者同乡，否则，不可能包机救人；还有观点说，老板花12万元包机，做了一个成功的形象广告；甚至有人说，老板花重金包机救人，不值。针对这些观点，南方日报以一种责任感，用生动的事实和深入的分析正确引导了舆论。

可见，“包机救人”报道的成功是政治家办报眼光的胜出。坚持政治家办报，编辑记者就会以强烈的政治和社会责任感，透过社会新闻的可读之处，挖掘事件本身的意义，在鲜活的材料中融入报道思想，提升社会新闻的层次，对社会生活进行理智的干预引导。

亮点与可读性结合　满腔热忱开展正面报道

包机救人报道给我们一个启示，只要用心捕捉，不愁没有正面报道的好题材。

包机救人报道是一个不折不扣的正面报道，但它的可读性和读者满意度也很强，其重要原因就是取材上既抓亮点，又注意可读性，并通过报道将两者紧密结合在一起。

■用健康向上的新闻启人心智

每天发生的大量社会新闻，反映着我们生活的各种变化。既有闪光的，也有灰暗的，从不同的角度和立场出发，会有不同的取舍。作为党的新闻工作者，要满怀热情地捕捉生活中闪光的东西，用健康向上的新闻启人心智。

有的新闻报道强调感官刺激，以暴力、色情、凶杀等内容满足受众的好奇心，从而赢得市场。这种新闻观从一报一台自己的利益出发，不考虑这种报道的负面影响。党的新闻工作者应该以强烈的社会责任感，写对社会负责的东西。但是，在媒介竞争越来越激烈的今天，负面报道也经常被用来作为抢占市场的“杀手锏”。

■亮点与可读性结合，正面报道完全可以搞好。

是不是一定要靠这种“新闻”抢占市场呢？答案是否定的。亮点与可读性结合，正面报道完全可以搞好。亮点要靠可读性支撑，可读性要靠亮点引导。这才是我们需要的正面报道。

正面报道一定要重视事件性的动态报道。事件性新闻生动具体，亲切可读，说理深入，其效果是静态报道远不能比的。包机救人这一事件所讲的道理，可能比一般静态报道还要深入人心。

新闻与理论相携　把好题材做透

包机救人报道取得成功，与南方日报的立体策划分不开。整个报道前后持续一个多月，体裁很多，有消息17篇，通讯5篇，评论7篇，读者讨论稿15篇，其他稿7篇，使包机救人义举事件不断清晰，形象不断丰满。

这次策划很有章法，动态跟进，评论配合，是新闻与理论结合的成功典范。首先对包机救人进行追踪，如老板黄海达的父亲是战斗英雄；黄海达自己是打工仔出身，也受过老板虐待，在商场受过骗；包机之后餐馆面临困境，但老板们都不后悔……同时，还采写与此相似或相反的事件，如，西安某单位领导看了包机救人报道，派医生护送自己单位也是被蛇咬伤的职工飞往广州治伤；一位蛇伤病人打的连夜从汕头赶往广州治伤，被的士司机宰一刀，的士费高达1800元，他又不甘心，伤好后留下2400多元的欠费逃逸；一位在广州打工的湖北妹子，被严重烧伤，老板竟然不理，于是愤而将老板告上公堂；一老板竟因打工仔“贪玩”而将他活活打死。这些报道都集中在一版显著位置发出，形成规模，对包机救人进行烘托、对比和升华，加深读者对包机义举意义的认识。这种动态跟进报道，不断地补充新的材料信息，使读者看而不腻，且不断地加深认识。

动态跟进之外，还有评论配合。《为了一个受伤弟兄》发出后，南方日报立刻开展“包机救人告诉我们什么”大讨论，不断编发读者来信、来电，他们以肺腑之言叙说对包机救人事件的看法，让人读来十分亲切。此外，又邀请专家学者从政治、经济、文化、伦理、社会、法律等角度，对事件进行剖析，从理论上提升读者的感性认识。当讨论到差不多的时候，南方日报自己连续发出三篇评论员文章（即三论包机救人的启示），分别从市场经济条件下的义利之辩、新形势下的劳资关系、新型人际关系方面总结和提升包机救人的内涵，使其意义越发深入人心。

最后，当包机救人报道结束时，又发表长篇述评《包机救人诠释人道主义价值观》，全面回答“包机救人告诉我们什么”，给整个报道画上圆满的句号。

总之，动态的报道让读者自发加深对包机救人意义的认识，评论的配合又从理论的高度引导读者，双管齐下，使包机救人这一“富矿”得到深入的挖掘，打出一场漂亮新闻报道战役。

■新闻是一个平面镜，提供的是全景，那么理论（评论）就是显微镜和望远镜，从高处审视事件，从细处透析本质。

新闻与理论结合，这在重大报道的策划中十分重要。如果说新闻是一个平面镜，提供的是全景，那么理论（评论）就是显微镜和望远镜，从高处审视事件，从细处透析本质，二者结合，就将题材做透了。机关报经营重大社会新闻，有一大优势，就是理论介入高出一筹。对于重大的社会事件，机关报及时发出声音，引导读者加深认识，不仅是社会责任感的体现，也是做透新闻的需要。理论一介入，新闻便气势顿增，厚重之感油然而生。

附：中国新闻奖三等奖、广东新闻奖一等奖作品>>

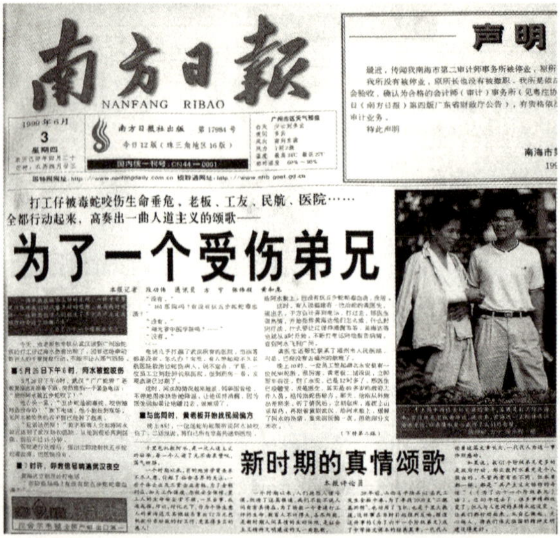
南方日報
NANFANG RIBAO
1999年6月
3
星期四
南方日报社出版 第17984号
今日12版（珠三角地区16版）
国内统一刊号：CN44—0001

声明

打工仔被毒蛇咬伤生命垂危，老板、工友、民航、医院……
全都行动起来，高奏出一曲人道主义的颂歌——
为了一个受伤弟兄

■5月26日下午6时，阿水被蛇咬伤

新时期的真情颂歌

打工仔被毒蛇咬伤生命垂危，老板、工友、民航、医院……全都行动起来，高奏出一曲人道主义的颂歌——

为了一个受伤弟兄①

一滴水能反映出太阳的光辉，一件平常事足以体现我们时代最美好的思想、最高尚的风格……这种思想使人们创造了多少共产主义大协作的奇迹？你数不清！

——《为了六十一个阶级弟兄》

今天，由老板包专机从武汉送到广州治蛇伤的打工仔江海水伤

① 发表于1999年6月3日《南方日报》，与方宁、张伟程等合作。

愈出院了。回首这场牵动数百人的千里援救行动，不能不让人荡气回肠。

5月26日下午6时，阿水被蛇咬伤

5月26日下午6时，武汉“广广蛇府”老板黄海达正准备下班，突然接到一个紧急电话：“厨师阿水被五步蛇咬了！”

他心头一紧，“五步蛇是剧毒蛇，咬伤随时会没命的！”放下电话，他小跑赶到现场，见阿水被咬伤的右手腕已经肿了起来。

“赶紧送医院！”黄老板等人立刻将阿水就近送到了武汉协和医院。从他到现场再到医院，前后不过15分钟。

医院进行处理后，提出立即注射抗五步蛇蛇毒血清，但医院没有。

7时许，呼救信号响遍武汉夜空

黄海达立刻开始打电话。

“市防疫站吗？有没有抗五步蛇蛇毒血清？”

“没有。”

“161医院吗？有没有抗五步蛇蛇毒血清？”

“没有。”

“湖北省中医学院吗？……”

“没有。”

……

电话几乎打遍了武汉所有的医院，但回答都是没有。怎么办？突然，有人想起前不久长航医院救治过蛇伤病人，说不定有。于是，一位员工立刻赶到长航医院。但到药房一看，发现血清已过期了。

■电话几乎打遍了武汉所有的医院，但回答都是没有。

这时，阿水的情况越来越差，同事围着他，不停地用冰块给他降温，让他保持清醒，因为医生说如果让他睡过去，就麻烦了。

与此同时，黄老板开始找民间偏方

晚上8时，一位送蛇的蛇贩听说阿水被咬伤了，二话没说，将自己所有常备药送到医院，给阿水敷上。但没有抗五步蛇蛇毒血清，没用。

这时，有人说福建有一位治蛇的黄医生，很出名。千方百计弄到电话，打过去，那医生很热情，开始指挥黄海达他们怎么做，什么封闭疗法，什么要让江保持清醒等等。黄海达等也就从8时开始，不断打电话向他报告病情，直到阿水飞到广州。

黄医生还帮忙联系了福州市人民医院。可是，已经没有去福州的航班了。

■听了情况后，立刻起床，连夜上山采草药，再跟着黄到武汉，给阿水敷上。

晚上10时，一位员工想起湖北永安县有一位民间蛇医，很厉害。黄老板二话没说，立即驱车前往。到了永安，已是12时多了。那医生已经睡觉。说是医生，其实是40多岁的政府工作人员，祖传治蛇伤秘方。那天，他刚从外地出差回来。听了情况后，立刻起床，连夜上山采草药，再跟着黄到武汉，给阿水敷上，缓解了阿水的伤情。虽来回折腾一夜，但他却分文未收。

晚上8时，开始联系外地

一筹莫展中，黄老板想到了他的竞争对手——另一家蛇餐馆，“说不定他们有这类常备药”。他立刻打电话回餐馆，叫大堂经理去对手那边看看。说实话，他自己都没底，“全武汉就两家蛇餐馆，现在‘广广’出事了，我不大打出手就算好了，还会帮你？”

对手的态度让他很感动，他们说：“我们确实没有，但你们可以联系广州中医药大学第一附属医院，那儿肯定有！”

8时许，他们与广州方面联系，果然有。黄老板稍感安心。但怎么拿呢？还是先就近想办法吧。

■那位股东就叫他连夜赶到南京，坐第二天上午8时40分的飞机到武汉。

晚上10时，蛇府的另一位股东想起有朋友在上海，就打电话过去，叫他帮买抗蛇毒血清。11时，上海的朋友买到了。那位股东就叫他连夜赶到南京，坐第二天上午8时40分的飞机到武汉。朋友二话没说，立刻赶到南京。后来，阿水飞广州了，都来不及通知这位朋友。

几乎与此同时，另一位同事打电话找到了广州蛇毒研究所的钟满生教授。钟教授向他们推荐了广州中医药大学第一附属医院，它是华南地区的蛇伤治疗中心。

这位同事将情况向正在赶赴永安的黄海达讲了，黄即决定送阿水到广州。

27日凌晨1时，开始联系飞机

从永安回武汉时，黄海达同餐馆其他三位股东商量，包飞机送阿水到广州治疗。这与他们的想法不谋而合。

黄海达首先想到军用飞机。托朋友一问，才知道手续非常麻烦。他有点灰心地回到武汉。

突然他想起一位朋友在南航汕头公司工作，便打电话求助。在睡梦中被惊醒的朋友开始还以为黄海达疯了，但听说是救人后，便叫黄等他的消息。半小时后，电话过来，说可以了。黄和其他人都欣喜若狂。

■在睡梦中被惊醒的朋友开始还以为黄海达疯了，但听说是救人后，便叫黄等他的消息。

奇迹，飞机从联系到起飞不到2小时

黄海达与南航武汉基地联系上后，对方还告诉他，包机很花钱的，可以坐早上6时40分的最早班机到广州。黄老板屈指一算，要晚四五个小时。此时阿水已经迷迷糊糊了，手也肿得像小腿，不能为了省钱，耽误抢救时机，他当机立断："就要包机！"

武汉飞行报告室对黄的计划认真审批检查后，于零时50分向广州飞行报告室发去急救计划，要求急救飞行于凌晨1时30分起飞。

广州飞行报告室立即向有关领导请示，同时与业务部门协商。值班领导指示各有关部门通力协助。飞行报告室立即向武汉发出同意飞行的电报，为防万一，又用直拨电话进行确认，同时通知沿途各空中指挥部门给予协助，通知地面做好各种准备。

1时30分到了，飞机尚未起飞。飞行报告室的小谢用电话询问武汉方面的工作进展。得知病人需要包扎治疗，飞机将推迟至2时30分起飞后，广州方面又通知各有关保障单位，请求耐心等待。

2时20分，这架波音737飞机终于从武汉天河机场安全起飞了。虽说是包机，但机组人员齐备，一位"空中先生"专门照顾阿水。其他机组人员也不时过来问寒问暖……3时45分，飞机安全降落。

■虽说是包机，但机组人员齐备。

凌晨1时，广州的医生就忙开了

凌晨1时多，黄海达再次打电话给广州中医药大学第一附属医院，确认有抗五步蛇蛇毒血清后，说准备过1小时送一个病人坐飞机过来。

值班护士当即将情况向值班医生李洪义报告。一听说是给五步蛇咬伤，李医生立刻叫护士准备心脏监护仪、呼吸机等仪器，并立即准备5支抗五步蛇蛇毒血清及蛇伤中草药，严阵以待。同时，派出救护车去机场。

飞机一降落，阿水就被送进救护车。近4时，就进了急诊室。等候多时的医生、护士迅速给阿水注射了5支抗蛇毒血清。这时，病人的蛇毒已影响心脏，有心肌缺血迹象，胸闷、心悸、呼吸困难，内科医生给病人检查后，发现心律不齐，立即向主管医疗工作的樊粤光副院长汇报。樊粤光要求全力以赴抢救，确保病人生命安全，并指示李洪义和护士何群娣、麦细焕专职监护病人。另外从二线调派

■飞机一降落，阿水就被送进救护车。

两位医生护士到急诊室负责其他抢救工作。看着有条不紊的抢救工作，黄老板感到阿水有救了。

27日上午8时，阿水被迅速转到蛇伤病房。医生实行24小时监护，有的医护人员饭都顾不上吃，片刻不离阿水。看到此情此景，黄海达动情地说："我这12万元没有白花。"这时，他才想起去找个地方休息一下。

当晚，病人监护超过24小时后，阿水的病情没有恶化，所有人都放心了。

6月1日，阿水完全治愈

6月1日，阿水的伤已经完全治愈。记者与黄海达进行了一次长谈。

三十出头的黄海达是汕头人，本是做汽车商贸生意的，今年3月才开始经营蛇餐馆。他说，我与阿水也是三个月前才认识的，他虽然不到30岁，但已经与蛇打了10年交道，所以聘他做总厨。

他告诉记者，其实他的生意并不算太好。投入80多万元的蛇府3月18日开张，第一个月的总收入仅16.8万元，第二个月统计还没出来，估计不如上月，所以包机费不是小数目。他回忆包机时只大概知道要10多万，所以用自己的富康轿车作抵押。这12万是后来才定的，是航空公司的成本价。

■但为了报答救命之恩，我只求能回蛇府好好干。

"黄老板已经跟我讲了，这些钱不用还。"阿水告诉记者："但为了报答救命之恩，我只求能回蛇府好好干。"

第二章 >>

回到起点　报道民主政治[①]

2010年3月9日，全国“两会”正热火朝天地召开。全国人大常委会委员长吴邦国强调，本年将依法开展专题询问和质询。询问与质询，这一并不新鲜的词汇，顿时扩容了人们期待的空间。空气似乎都热了几分。

■空气似乎都热了几分

当时，我正和同事们奋战北京，报道两会。站在宾馆的落地玻璃边，看着长安街上的车来和人往，不禁思绪万千，回到自己报道质询案的10年前。

2000年1月，广东两会召开，一场不期而至的质询案将会议推向高潮。代表们围绕环保问题对广东环保局不依不饶的质询，每一个细节都历历在目。他们对质询进程的准确拿捏，即便是在10年后都令人惊叹不已。也难怪，这场质询案成为“广东现象”的标志性事件之一。

大约10年前，人大的“广东现象”全国瞩目。“人大监督硬起来”，是许多人的共识。那个时候，人大记者跑得很欢。所以，10年后，当我们为吴邦国委员长力挺人大询问与质询而欢呼时，很有必要沉淀一下。

■回归宪法与民主的制度设计，以此作为报道的立足点。

中国特色社会主义民主的不断推进，早成历史大势。报道、见证这一大势，需要独立的思考与清醒的判断。《质询案告诉我们什么？》在10年后依然这样告诉我：

一、报道民主政治，必须跳出具体人事纠葛，回归宪法与民主的制度设计，以此作为报道的立足点。这篇报道之所以立得住，发起质询的代表和被质询的政府机关，对我们都十分信任，便是因为我们是建设性监督，是从民主政治的生动实践这一角度展开报道的，支撑点相当牢靠。

■在报道过程中注入新闻事实的个性解释

二、回到民主政治的源头寻找立足点，并不是概念化的图解，必须在报道过程中注入新闻事实的个性解释，以此赋予报道吸引力

① 这是为本书重写的新闻幕后。

和生命力。我清楚记得，虽然双方都提供了证据，但我还是在质询发生的当天下午赶到争执焦点所在的南江工业园，独立寻找事实，希望作出自己的判断。当时，天色已黑，我摸索前行，一脚踩进工业园的水池里，突然发现广东的一月份也是蛮冷的。

■新闻事实与理论思辨的结合，始终是时政记者的基本功。

三、新闻事实与理论思辨的结合，始终是时政记者的基本功。这篇报道便是在前期连续报道的基础上，于人大会议即将闭幕时，站在理论思辨的高度再次梳理新闻事实，对其意义进行再挖掘、再发现。用今天的话讲，就是极大增强了舆论的引导力。

附：广东新闻奖二等奖作品>>

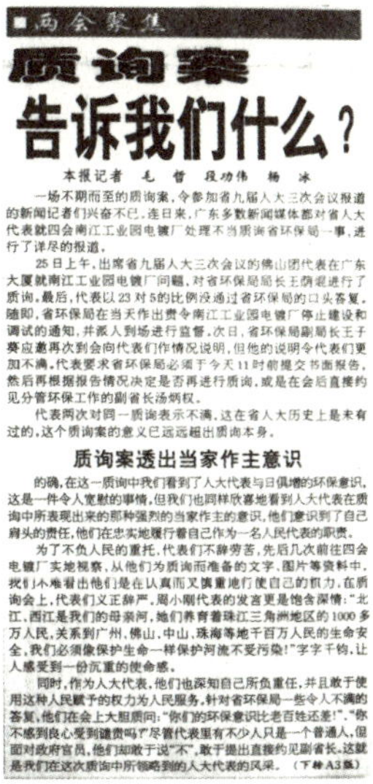

■两会聚焦

质询案告诉我们什么？

本报记者 毛哲 段功伟 杨冰

一场不期而至的质询案，令参加省九届人大三次会议报道的新闻记者们兴奋不已。连日来，广东多数新闻媒体都对省人大代表就四会南江工业园电镀厂处理不当质询省环保局一事，进行了详尽的报道。

25日上午，出席省九届人大三次会议的佛山团代表在广东大厦就南江工业园电镀厂问题，对省环保局局长王荫焜进行了质询。最后，代表以23对5的比例没通过省环保局的口头答复。随即，省环保局在当天作出责令南江工业园电镀厂停止建设和调试的通知，并派人到场进行监督。次日，省环保局副局长王子葵应邀再次到会向代表们作情况说明，但他的说明令代表们更加不满。代表要求省环保局必须于今天11时前提交书面报告，然后再根据报告情况决定是否再进行质询，或是在会后直接约见分管环保工作的副省长汤炳权。

代表两次对同一质询表示不满，这在省人大历史上是未有过的，这个质询案的意义已远远超出质询本身。

质询案透出当家作主意识

的确，在这一质询中我们看到了人大代表与日俱增的环保意识，这是一件令人宽慰的事情，但我们也同样欣喜地看到人大代表在质询中所表现出来的那种强烈的当家作主的意识，他们意识到了自己肩头的责任，他们在忠实地履行着自己作为一名人民代表的职责。

为了不负人民的重托，代表们不辞劳苦，先后几次前往四会电镀厂实地视察，从他们为质询而准备的文字、图片等资料中，我们不难看出他们是在认真而又慎重地行使自己的权力，在质询会上，代表们义正辞严，周小刚代表的发言更是饱含深情："北江、西江是我们的母亲河，她们养育着珠江三角洲地区的1000多万人民，关系到广州、佛山、中山、珠海等地千百万人民的生命安全，我们必须像保护生命一样保护河流不受污染！"字字千钧，让人感受到一份沉重的使命感。

同时，作为人大代表，他们也深知自己所负重任，并且敢于使用这种人民赋予的权力为人民服务，针对省环保局一些令人不满的答复，他们在会上大胆质问："你们的环保意识比老百姓还差！"，"你不感到良心受到谴责吗？"尽管代表里有不少人只是一个普通人，但面对政府官员，他们却敢于说"不"，敢于提出直接约见副省长。这就是我们在这次质询中所领略到的人大代表的风采。

（下转A3版）

质询案告诉我们什么？①

一场不期而至的质询案，令参加省九届人大三次会议报道的新闻记者们兴奋不已。连日来，广东多数新闻媒体都对省人大代表就四会南江工业园电镀厂处理不当质询省环保局一事，进行了详尽的报道。

■一场不期而至的质询案，令参加省九届人大三次会议报道的新闻记者们兴奋不已。

25日上午，出席省九届人大三次会议的佛山团代表在广东大厦就南江工业园电镀厂问题，对省环保局局长王荫焜进行了质询。最后，代表以23对5的比例没通过省环保局的口头答复。随即，省环保局在当天作出责令南江工业园电镀厂停止建设和调试的通知，并派

① 发表于2000年1月28日《南方日报》，与毛哲、杨冰合作。

人到场进行监督。次日，省环保局副局长王子葵应邀再次到会向代表们作情况说明，但他的说明令代表们更加不满。代表要求省环保局必须于今天11时前提交书面报告，然后再根据报告情况决定是否再进行质询，或是在会后直接约见分管环保工作的副省长汤炳权。

代表两次对同一质询表示不满，这在省人大历史上是未有过的。这个质询案的意义已远远超出质询本身。

质询案透出当家作主意识

的确，在这一质询中我们看到了人大代表与日俱增的环保意识，这是一件令人宽慰的事情。但我们也同样欣喜地看到人大代表在质询中所表现出来的那种强烈的当家作主的意识，他们意识到了自己肩头的责任，他们在忠实地履行着自己作为一名人民代表的职责。

为了不负人民的重托，代表们不辞劳苦，先后几次前往四会电镀厂实地视察，从他们为质询而准备的文字、图片等资料中，我们不难看出他们是在认真而又慎重地行使自己的权力。在质询会上，代表们义正辞严。周小刚代表的发言更是饱含深情："北江、西江是我们的母亲河，她们养育着珠江三角洲地区的1000多万人民，关系到广州、佛山、中山、珠海等地千百万人民的生命安全，我们必须像保护生命一样保护河流不受污染！"字字千钧，让人感受到一份沉重的使命感。

■代表里有不少人只是一个普通人，但面对政府官员，他们却敢于说"不"，敢于提出直接约见副省长。

同时，作为人大代表，他们也深知自己所负重任，并且敢于使用这种人民赋予的权力为人民服务。针对省环保局一些令人不满的答复，他们在会上大胆质问："你们的环保意识比老百姓还差！"、"你不感到良心受到谴责吗？"尽管代表里有不少人只是一个普通人，但面对政府官员，他们却敢于说"不"，敢于提出直接约见副省长。这就是我们在这次质询中所领略到的人大代表的风采。

环保局长为什么难当?

■在众多的声音中，有人感叹环保局长不好当。

对于这场质询，不少媒体都有连篇累牍的报道。在众多的声音中，有人感叹环保局长不好当。结合省人大常委会不久前追究省环保局不合理使用排污费一事，我们注意到，随着人们对生活环境的日益密切的关注，环保局长的担子将更重，这个环保局长的确难当。

联系省人大会议史上的几次质询案，我们不能不说，要当好一名受人民群众监督、自觉为人民服务的政府官员是要作出很大努力的。质询案出现在省人大历史上是在1994年11月。当时省人大常委就省国土厅拒不执行省人大常委会制订的《城镇房地产权登记条例》，在常委会上对省国土厅进行了质询。1995年2月，在省八届人大三次会议上，江门等地的人大代表曾就325国道顺德、南海段扩建缓慢的问题对省交通厅进行了质询。

这一系列的质询，都给人们留下了深刻的印象，同时也无疑使政府官员们，尤其是省政府各个职能部门的主要领导感受到了人大代表的权力。

作为普通百姓，我们由衷地高兴，我们要为社会主义民主制度欢呼。

迁移不是治污之道

相信在这次质询中每一在场者和我们的每一个读者都受到了一次生动的环保教育。但通过这次质询，我们却不得不面对这样一个事实，那就是污染正在一步步蚕食我们的生存空间。

■通过这次质询，我们却不得不面对这样一个事实，那就是污染正在一步步蚕食我们的生存空间。

省人大环资委在一份有关四会南江工业园的报告里写下了一位电镀厂老板的这样一句话："这次我是下定了决心要搞好环境保护的，我这个电镀厂正是因为污染被迫从深圳迁到东莞，又因为同样的原因，从东莞迁到了四会。"据了解，四会电镀厂已批准建设的18家电镀厂中就有4家是从南海迁来的。电镀厂的迁移无疑又将使不少经济还欠发达的地方重走先污染后治理的老路。

令人警惕的是，像四会这些电镀厂一样，不少污染企业就是这样从已经发达起来的地区迁到不发达的地区，因为这些地区相对贫困，他们迫切需要的是钱，而大量拥有的是暂时还不那么重要的优美环境。但我们不能不看到，这些经济相对落后的地区往往是离沿海发达地区远一点的山区，而那里正是河流的上游或是源头。如是，一些地方赶走了的污染源只是被简单地搬到了还没有被污染的地方，而那些污染源将在那里制造影响范围更广的环境污染。

我们要做的决不只是简单的迁走污染源就可以了事的，面对现实，采取切实的措施治理和防止污染，才是理想的途径。

第三章 >>

小记者敢写大文章[①]

这是一篇难得的独家新闻，将江泽民同志平易近人、谦虚好学、尊重知识、尊重人才、关心科教、关心下一代等可贵品质刻画得淋漓尽致，很多读者说："江泽民同志为各级领导干部树立了一个典范，该稿值得每一位领导干部认真细读。"

写这篇报道时，我才刚入行。至今我还记得那天接到新闻线索（要写江泽民同志）时，多么惶恐，又多么兴奋。

当时，澳门回归一周年庆典刚过。江泽民同志在澳门濠江中学与师生互动的情况，早已成澳港媒体热捧的头条。我在广州当记者，对此知道一些。但并未特别在意。不久，暨大出版社的一位朋友找到我，说他们出了一套"院士科普书系"，江泽民同志亲自作序，还就其中一本书中提到的几何题打电话与广州的张景中院士进行探讨。他希望我写一写，扩大这套丛书的影响，但他并不知道江总书记在澳门出几何题的事。

■我一下子"警觉"了，这与此前港澳媒体的报道有没有关系呢？

我一下子"警觉"了，这与此前港澳媒体的报道有没有关系呢？我一追问，果然挖出"猛料"，这时离江泽民同志在澳门出题还不到一个月。我高兴地跳起来，那感觉实在太美妙了！

可是，困惑随之而来。我是一个小记者，而要报道的是时任中共中央总书记、国家主席、中央军委主席江泽民同志，可能吗？

我向部门主任、报社领导汇报，他们鼓励我先采访再说。我就这样，跟着出版社的朋友来到张院士家，详细了解张院士和江泽民同志通电话的每一个细节，认真记录每一句话，甚至标点符号都要一再核准。

■越采访，越兴奋，也越害怕。

越采访，越兴奋，也越害怕。因为涉及到的一个个"大人物"，都是我这个入行不久的小记者可望不可即的。但一种职业冲动，让我顾不了那么多。我很快将稿件拿出来了，交给领导。我非常担心它见不了报。

① 这是为本书重写的新闻幕后。

但很幸运，经过一番请示，稿件见报了。也许是领导和领导的领导们认为稿件写得还算不错，或者他们不忍心让我白做很么多功课。总之，稿件是见报了。

这篇报道为地方媒介如何报道重要领导人的活动作了有益探索。一般说来，在人们印象中，地方媒体关于党和国家领导人的报道都是严肃刻板的，难以从中见到这些领导人作为普通人应有的喜怒哀乐，难以从中发掘出人性之美。是不是地方媒体报道重要领导人的活动就无所作为，只能大而泛地进行模式化报道？实际不然，本文在确保准确、严密的前提下，以独特视角来报道江泽民同志的言行，既严肃又活泼，让人们见到了一个可敬可亲的领导人。这种报道方法，值得总结和借鉴。

所以，这是非常值得纪念的一件事。毕竟，这是一个小记者自采自写的关于党和国家最高领导人的稿件。这个纪录，相当少见。

■为地方媒介如何报道重要领导人的活动作了有益探索。

■是不是地方媒体报道重要领导人的活动就无所作为，只能大而泛地进行模式化报道？

附：广东新闻奖一等奖作品 >>

中科院院士张景中喜说江主席即兴给濠江中学同学出“五点共圆”题前后——

总书记一道几何题情动粤港澳

江总书记与院士讨论几何题

中科院院士张景中喜说江主席即兴给濠江中学同学出“五点共圆”题前后——

总书记一道几何题情动粤港澳①

上月20日，在澳门出席澳门特别行政区成立一周年庆祝活动的国家主席江泽民，来到濠江中学。他即兴给同学们出了一道几何题：证明一个任意五角星的五个外接圆的相交点，都在同一个圆形上。

题目一出来，就难住了大家。江总书记说，他还亲自向一位广东的专家请教过这一题目。

记者近日找到了江总书记提到的这位专家——中国科学院院士、在广州大学工作的张景中研究员。他向记者透露了这一鲜为人知的故事。

江总书记与院士讨论几何题

去年10月18日晚，张景中院士散步归来，和往日一样开始了自

---

① 发表于2001年1月22日《南方日报》。

己的工作，审阅一篇博士论文。大约9时，电话响了。一接，他吓了一跳。

电话告诉他，一会儿江总书记会打电话过来。9时19分，电话铃声响起，听筒里传来了亲切和蔼的声音："您是张景中教授吗？"

"是的。"

"我是江泽民。"

张院士简直不敢相信自己的耳朵，但那分明是江总书记的声音。他激动地说："您好，江总书记！"院士夫人立刻惊喜地记下了当时的时间。

院士夫人立刻惊喜地记下了当时的时间。

江总书记问："院士科普丛书里有本《计算机怎样解几何题》，您写的吧？"

"是我写的。我很高兴您给丛书写了序言呢。"

就这样，总书记从为《院士科普书系》作序谈起，说到书系中由张景中院士撰写的《计算机怎样解几何题》一书，又谈到张院士的经历和现在所从事的智能教育软件的研究开发。接着，两人又一起讨论计算机解几何题的有关问题，总书记对机器定理证明所表现出的浓厚兴趣和他在几何学方面的造诣给张院士留下了深刻的印象。

江总书记说，你那本《计算机怎样解几何题》，我这里也有。有时间看看，也是一种很好的休息。我也是一个几何爱好者呢。我教过几何，不过是职业学校的，不是普通中学。那本书里有些我不明白的想请教你。

"谢谢您看我的书。什么问题呢？"

总书记说，书里有一个关于五角星的问题。不是我们国旗上的那种正五角星，是一般的，五个角大小不一定相同的五角星。五个角，是五个三角形。在每个三角形上作一个圆，外接圆，一共是五个圆。相邻的两个圆本来有一个交点，还会有一个新的交点。要证明的是：这五个新的交点共圆。你的书上说用计算机解决了这个题。计算机得到的信息数目，每种信息都有两个数字，一个较小，后面括弧里还有一个比较大的数，是什么意思？

"较小的是压缩了的信息数目，括弧里较大的数是展开了的信息数目。比如五点共圆，这是一条压缩了的信息。因为几何里通常讲的是四点共圆，一条五点共圆信息，包含了五条四点共圆信息，展开了就成为五条了。又如三条线段长度相等，$a=b=c$，是一条信息。展开了写成$a=b$、$b=c$和$a=c$，就是三条了。"

江总书记问：“这个题目，要证明五个点共圆，不用计算机，人也能证明吧？”

“能证。用几何课本上的知识也能。只要证明其中四点共圆就可以了。”

“对的。因为三个点就能确定一个圆。我和陈省身，还有别的几位数学家谈到过这个题目。他们也说能证。你知道怎么证吗？”

“我想能证。”

■在休息时喜欢想点几何问题，这是一种很好的休息。

“你能不能写个证明给我看？我在休息时喜欢想点几何问题，这是一种很好的休息。你估计多久能写给我？”

“我想明天下午5时前能写好。因为上午约好了的有个采访。”

“好。你不用写得很工整，普通的手写就行了。”

“那好，我就用手写，不打印了。”

“谢谢，再见。”

“也谢谢您，再见。”

第二天，张院士就给总书记作了书面回答。

即席提出“五点共圆”几何题

■一个人要有钻研精神

江总书记在濠江中学提出这道题目后，引起了广大师生的广泛兴趣。很多人想当场知道答案，但总书记并没有给出，他说：“我把这道题出给濠江中学，是要说明：一个人要有钻研精神。”

他离开澳门后，以濠江中学数学老师、数学奥林匹克队教练杨万忍为首的4位老师，尝试用4种不同的思路解答这道题，并通过有关部门将答案交给了江总书记。

香港方面也不示弱，大学时主修数学的一位知名人士（民建联主席曾钰成），在圣诞节那天拿出工具试图找出解答，最终还是在旧参考书中找出答案。在香港中文大学毕业的著名数学家丘成桐接受记者采访时，也说：“连我都要先想半个小时才行。”

接到濠江中学老师的来信后，江总书记第二天就复信了。信中说：“12月20日在濠江中学参观时，曾即席提出‘五点共圆’几何题一道。本拟回京后即寄去参考答案，由于事忙，未及函复。正拟回信时，接到经由中央驻澳联络办转来的信件及杨万忍等四位老师的证题手稿。对他们从不同思路得出解答，不胜欣慰。所寄《数学教学文选》一书，亦已收到，顺致谢意。随信附上原欲寄去的解答，请参阅。祝你们学校在新世纪中取得更大进步，为祖国，为澳门培养出更多的优秀人才。顺祝全校师生新年快乐！”

去年12月31日晚，在澳门61个青年团体举行的世纪之交文艺晚会上，澳门中华教育会理事长黄枫桦宣读了刚刚收到的这封信。全场响起雷鸣般的掌声。

“江主席的信是我们收到的最好的新年礼物！”濠江中学校长尤端阳表示：“我们一定不辜负江主席对我们学校的殷切希望。”

江主席十分关心科普工作

江总书记的参考答案被港澳报纸登出来后，引起了轰动。张景中院士感慨地说：“总书记给出的答案十分简洁，看得出他看了我的书面答复后，又进行了一番钻研。”

■总书记给出的答案十分简洁

张院士告诉记者，总书记关心的机器证明可读化问题十分前沿，现在已进入产业化进程。他本人自1996年以来，就致力于将机器证明的新成果用于智能教育软件的开发。

他还感动地说，总书记十分关心科普工作，亲自为正在陆续出版的《院士科普书系》写序，提出“科教兴国，全社会都要参与，科学家和教育家更应奋勇当先，在全社会带头弘扬科学精神，传播科学思想，倡导科学方法，普及科学知识”，这对参加写作的170多位院士是一个极大的鼓舞。据说，总书记还多次在其他场合讲过这套书，希望大家都来看一看。

第四章 >>

身在高处望自远[1]

■改版思路的一次成功预演

2002年7月，《南方日报》在全面改版前夕，不惜篇幅推出了“千里接救中毒女工”系列报道。这报道的策划理念、操作技巧，是改版思路的一次成功预演，取得巨大成功：

一、7月8日，省人大常委会副主任、省总工会主席汤维英看了报道后，提笔给副省长游宁丰写信，建议他看看本报，并派有关部门对这一事件进行系统调查。游宁丰、李兰芳两位副省长都表示赞同。于是，省卫生厅、省劳动和社会保障厅、省经贸委、省总工会四部门联合组成调查组，对事件进行了大调查。

二、7月12日，省委宣传部发出通知，说“《南方日报》近日《千里接救中毒女工》的系列报道，在社会上引起了强烈反响，对各方千里寻找、接救中毒女工的报道，展现了我们社会关心和爱护每一个困难群众的良好道德风貌，展示了广东的良好形象。”

三、全国总工会、卫生部、全国妇联都过问并监督处理“中毒事件”，全总和卫生部还派出调查小组亲赴东莞，督办事件处理。卫生部还发出通知，要求在11月1日前，对制鞋、箱包等行业从业人员开展职业健康检查，违反规定的将给予处罚。

四、新华社7月14日向全国播发5000字的长篇通讯《谁让她们中毒》，《工人日报》在头版头条位置转发，《中国青年报》、《北京日报》、《长沙晚报》、黑龙江电视台等数十家中央和省外媒体也跟踪报道此事。

■对新闻事实进行“再发现”和“再报道”

其实，最早报道安加鞋厂女工中毒的是《羊城晚报》，但并未引起注意。本报介入后，对新闻事实进行“再发现”和“再报道”，才掀起高潮，并将这一新闻推向全国。

南方日报改版的口号是“高度决定影响力”。我认为，“千里接救中毒女工”报道之所以取得成功，产生强烈反响，就是因为本报站得高，望得远，挖得深，有独到的“新闻眼”，见人所未见，写人所未写，入木三分，发人深省。

---

① 这是2002年写的一篇内部业务总结。

视野成就高度

南方日报作为省委机关报，政治家办报的意识较强，再加上长期以来，我们对职业病中毒给予了极大关注，所以在这方面思考较多，视野更开阔，遇上重大题材时就能及时把握。

6月25日，《羊城晚报》最先得到消息，省妇联收到一封安加鞋厂女工中毒的投诉信。该报记者还与省妇联同志及省职防院的医生一起到安加厂暗访。30日，该报推出了报道《鞋厂女工离奇瘫痪》，大讲中毒事实，但全社会并未在意。

7月3日，本报记者林艳萍得到消息，安加鞋厂5名女工入住省职防院。在采访中，她还得知省妇联紧急联络黔、鄂两省妇联，寻找回乡女工。

她回来一讲情况，大家立刻意识到这是一条重大新闻。杨总曾说，机关报要负起包装广东的责任。这不就是一个“包装广东”的绝好素材吗？跨省寻找、千里接救，是一曲韵味无穷的政治、道义、法律和爱心的交响，是为富好仁的广东人对“三个代表”的生动实践！

■一曲韵味无穷的政治、道义、法律和爱心的交响。

所以，我们决定抓住并做大这一题材，也就是在这里与其他媒体发生了分野。其他媒体所做的只是报道中毒事实，还是停留在一般社会新闻的层次上，没有从中挖掘中重大主题，也就难怪报道要被读者忽略了。

深入成就高度

在新闻价值的判断上，我们无疑站得高，但在具体操作中，又十分深入，深入到与新闻事件有关的每一个角落，掌握第一手的鲜活材料。在此基础上，以敏锐的新闻感和独到的新闻眼，紧抓新闻事实的“七寸”——“千里接救”不放，在打动无数人同时，也让一个一般性的中毒事实“起死回生”，牢牢吸引住读者的眼球。

在决定将“中毒事件”做大后，时任部门主任陈广腾要我马上打电话与贵州方面联系。我了解到了一些寻找中毒女工的情况，其中令人揪心的是个别女工病情非常危重，可能来不了广州。经过讨论，大家认为应该邀请省职防院医生、省妇联的同志一起到贵州接重症女工。我们甚至想，如果他们有顾虑，我们帮出机票钱。

陈广腾主任将这一策划向杨兴锋总编辑汇报后，得到了大力支持。第二天，我们发出了独家消息，报道省妇联与黔、鄂妇联联手寻找回乡中毒女工。引起强烈反响“千里接救中毒女工”系列报道就此拉开序幕。

■一下子提升了新闻的层次和高度

客观地讲，在广东，安加鞋厂女工中毒并不算最严重，如果单凭这一点，是不可能引起多大反响的，同城其他媒体失败原因就在这里。但它有一个与众不同的地方，就是有跨省寻找、千里接救的情节，我们就凭这个打动并吸引读者，让大家进而关注中毒事实本身，引起省领导和中央有关部门的重视。事实证明，本报促成赴黔接救可谓神来之笔，一下子提升了新闻的层次和高度，也将其他媒体远远抛在身后，绝尘而去。

能力成就高度

省委机关报的身份，是《南方日报》的金子招牌，威信较高，深得读者和各单位信任，这是我们先天优势。但同时，《南方日报》的记者没有孤芳自赏，与社会各界联系密切，与有关单位有较深的感情和关系积累。在“千里接救中毒女工”报道中，我们充分利用感情和报道资源，积极介入接救行动，牢牢把握报道的主动权，使新闻事件不断向有利于自己的方向发展，尽显大报风范。

在确定要赴黔接救后，我们就开始行动了。首先，我们利用平时在报道中建立了良好关系，找到省职防院院长黄汉林，表达了请派医生一起赴黔的想法。黄院长非常支持，不但不要我们出机票钱，还要增派一名护士。我们备受振奋。

接着，又与省妇联联系。省妇联也同意。

■提前推出这一消息很有必要，它让本报“抢注了商标。

与此同时，我们就张罗赴黔事宜。不巧的是，一些媒体从省妇联那儿得知我们赴黔的消息。我们担心“被抢”，就在飞赴贵州接救女工的当天，将原本准备到贵州后再发的消息提前推出——本报促成了这次贵州之行。事实证明，提前推出这一消息很有必要，它让本报“抢注了商标。

本报记者林亚茗赴黔的当天，我又和林艳萍到省妇联采访，详细了解联手寻救的来龙去脉。我们依此写成了一篇十分详细的报道。我们的想法是将该做的做尽，让其他媒体无从下手。事实也确实如此。

附：中国新闻奖三等奖、广东新闻奖一等奖作品 >>

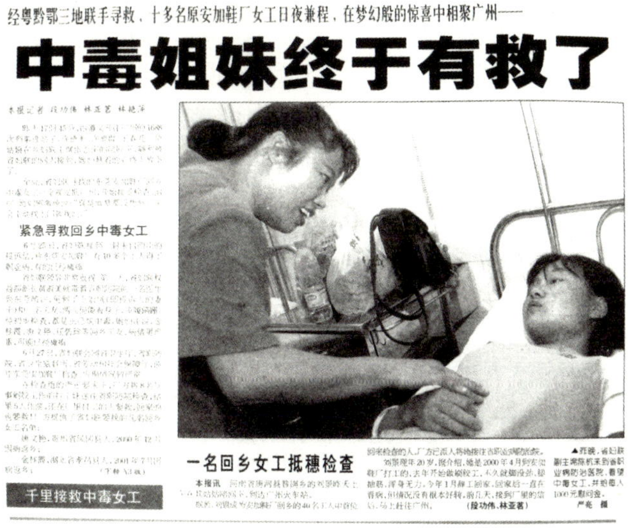

经粤黔鄂三地联手寻救，十多名原安加鞋厂女工日夜兼程，在梦幻般的惊喜中相聚广州——

中毒姐妹终于有救了

紧急寻救回乡中毒女工

一名回乡女工抵穗检查

（段功伟、林亚茗）

千里接救中毒女工

经粤黔鄂三地联手寻救，十多名原安加鞋厂女工日夜兼程，在梦幻般的惊喜中相聚广州——

中毒姐妹终于有救了[①]

■真是做梦都没想到广东会主动找上门救我们

昨天17时45分，由遵义开往广州的1688次列车进站了。许德美、许德群、王春花三位姑娘在乡妇联主席张志南的陪同下，顺利被省妇联的同志接到，她们悬着的心终于放下了。

至此，省妇联寻找的东莞安加鞋厂回乡中毒女工已全部安抵广州，开始接受检查、治疗。她们感激地说：“真是做梦都没想到广东会主动找上门救我们。”

① 发表于2002年7月9日《南方日报》，与林亚茗、林艳萍合作。

紧急寻救回乡中毒女工

6月25日，省妇联接到一封来自四川的投诉信，称东莞安加鞋厂有10多个工人得了职业病，有的已经瘫痪。

省妇联领导非常重视。第二天，省妇联权益部部长黄淑美就带着省职防院的一名医生到东莞暗访，见到了王崇凤（即投诉人的妻子）和一名工友。

■回乡工友，病情更严重，可能已经瘫痪。

两人佝偻着身子，步履蹒跚。经初步检查，都是正己烷中毒。她们还说，金桂霞、唐文艳、任碧珍等回乡工友，病情更严重，可能已经瘫痪。

6月27日，省妇联会同省卫生厅、省职防院、省卫生监督所、省劳动和社会保障厅，前往东莞安加鞋厂检查，发现情况较严重。

在检查组的严正要求下，厂方将8名从事刷胶工作的打工妹送往省职防院检查，结果5人住院。还在厂里打工的人要救，回家的也要救！厂方提供了省妇联要找的几名回乡女工名单：

唐文艳，贵州省凤冈县人，2000年12月因病返乡；

金桂霞，湖北省孝昌县人，2001年7月因病返乡；

许德美，贵州省习水县人，2001年9月因病返乡；

任碧珍，贵州省习水县人，2001年9月因病返乡。

时间就是生命。6月28日一大早，黄淑美便往湖北省妇联和贵州省妇联打紧急“求助”电话，请当地妇联帮助寻找这4名女工。

找来找去找到“假”金桂霞

■她奇怪地说：“你们找错人了吧。”

接到寻人电话后，湖北省孝昌县妇联马上行动。大家按照地址查到金桂霞时，她却好好的，身体没有任何毛病。她奇怪地说：“你们找错人了吧。”

这是怎么回事？妇联的同志着急了，通知各村的支书紧急开会，逐村排查。

7月1日，小河镇铁岗村的村支书汪元安突然想起本村有一个外出打工的村民叫汪晓，现在差不多瘫了。会不会是她？他抱着试一试的想法来到了汪晓家。当时，汪晓正坐在门口发呆。汪元安说：“我有个事要跟你谈，你是不是到过广东打工……”

没等他说完，“金桂霞”说：“我就是你要找的人……”汪支书高兴得跳起来道：“可完成任务了，广东妇联下了死命令，一定要找到你。”

原来，去年3月汪晓到广东打工，身份证不见了，她就借了娘家侄女金桂霞的身份证，于是她就成了到广东打工的“金桂霞”。在汪元安找到汪晓之前，真的金桂霞过了两天突然想起这件事，就兴奋地跑去将广东找人的消息告诉了她。

本报建议促成赴黔接救

遵义的一些乡村交通通讯不便，要找一个人，得先找村支书，然后走几小时山路找上门去。遵义市妇联接到找人通知那几天，正下大雨，不少地方发洪水。但找人要紧，大家走山路、趟水路，一路找开了。

■接到找人通知那几天，正下大雨，不少地方发洪水。但找人要紧，大家走山路、趟水路，一路找开了。

7月2日，贵州妇联将任碧珍、唐文艳、许德美等3名女工已找到的好消息传回了广东省妇联。

但她们何时能到达广州呢？7月3日，记者与遵义市妇联的董亚云女士联系，得知唐文艳几乎瘫痪，已多日没吃东西，家里人担心她会在赴广州途中死掉，不想放她出来（当地人都认为死也要死在家里）。

记者的心情非常沉重：遵义到底还有没有其他女工中毒？能不能请专家对中毒女工进行检查，并作有关指导，以顺利到达广州？能不能让专家对唐文艳进行提前诊断？于是产生了请有关部门赴黔接救的想法。

记者马上与省妇联和省职业病防治院的领导联系，建议派人到遵义，接女工们回广州治疗。建议被采纳，赴黔接救成行了，安加厂也派人同往。

7月5日中午，记者同省妇联、省职防院等部门的工作人员一起飞抵贵阳。下了飞机，才发现广东其他媒体的记者也闻讯尾随而来。大家马不停蹄赶往遵义。与此同时，各中毒女工也接到通知，从几百公里外往遵义赶。

多找了三名“计划外”女工

7月5日下午，广东一行人一路往遵义赶，正过乌江时听说许德美因家里拿不出车费，来不了。大家急了，一致认为不能落下一个人，在电话中请遵义市妇联无论如何要叫她出来。

其实，为路费发愁的还有唐文艳。家里为她治病卖掉了猪，卖掉了牛，也卖掉了稻谷，最后到遵义的30元路费怎么都拿不出来，再加上病重，家里干脆让她别来了。但乡亲们都鼓励她来，当地干部专门募捐一笔钱，她才得以上路。

■家里为她治病卖掉了猪，卖掉了牛，也卖掉了稻谷，最后到遵义的30元路费怎么都拿不出来。

17时，当第一批女工到达遵义市妇联时，大家发现：除唐文艳和任碧珍是“计划内”要找的外，还多了一个“计划外”的——

■在晨雾中第二批赶来的除了许德美外，还有王春花和许德群二人。

许艳。

原来，许艳的父亲是一位村支书，当遵义市妇联通知各村支书寻找中毒女工时，他马上想到女儿也患类似病症。许艳去年在安加鞋厂做刷胶工，不到一年便手脚麻木。她以为是小病，回家就能治好。没想到回家治了3000多元都没好转。7月5日，她趴在爸爸的背上穿山越岭，走路坐车花了12个小时才到遵义。

7月6日清晨5时半，等候到深夜的省职防院陈医生刚睡下不久，又被急切的敲门声敲醒："许德美到了！"他赶出来，高兴地发现，在晨雾中第二批赶来的除了许德美外，还有王春花和许德群二人，她们也是"计划外"找到的。

■因边远的山村不通电话，只能用广播通知她。

事情还得从5日下午说起。习水县二里乡按县妇联的要求找许德美，因边远的山村不通电话，只能用广播通知她。刚刚从安加鞋厂病退回乡的王春花和许德群，一听到广播就赶到乡政府，诉说自己也有同样症状，王春花当时手上还吊着针。夜23时，许德美也由哥哥背着、摸黑走几个小时山路来到。她说，途中遇上一条河，因下大雨涨水，只能绕路翻山。

为了赶时间，乡妇联主席张志南陪着她们，连夜雇一辆旧吉普车，两个司机轮流开，跑了6个多小时山路，才赶到遵义。

女工们一个个安抵广州

7月6日，广州，烈日当空。

上午10时45分，"金桂霞"一手拄着拐杖、一手扶着丈夫，步履蹒跚地出现在广州火车站的出站人流中。当见到省妇联的同志如约在烈日下等候时，夫妻俩泪如泉涌。

金桂霞哽咽着说："直到这时，我才敢相信自己不是在做梦，一切都是真的。"

就在"金桂霞"抵达广州时，赴黔接救的广东一行人正从遵义匆匆赶往贵阳机场，他们要乘13时的飞机回广州。因许德美、许德群和王春花三人身份证不齐，上不了飞机，于是，症状稍轻的她们，由张志南陪同改乘火车，继续往广州赶。此时，张志南为了找该乡中毒女工，已经48小时没合眼了。

在贵阳机场，机场医生闻讯赶来，协助将病人送上飞机。他对记者说："这些贵州姑娘是幸运的不幸者。"

飞机准时起飞。空姐细心地为唐文艳等人擦手、盖毛毯、扣安全带。

在飞机上，记者想起刚才将手脚不便的任碧珍抱上座位时很吃力，就开玩笑地问：“别人得病一般都会瘦，你怎么会胖哩？”她说，刚回家时很瘦，不到40公斤，后来一家人将肉都让给她吃，这样病虽未见好，身子却养胖了。而可怜的丈夫又要干农活和家务，又要背着她求医，日见憔悴。她曾灰心地对丈夫说：“我只会给你带来辛苦和麻烦，让我死去吧。”丈夫却取笑道：“休想。我不帮你，你连自杀都做不到。”

说到这里，她脸红地笑了，望着窗外的云朵说：“真是奇怪，昨天我还想这辈子完了，今天竟能想着快点治好病回家。”她将飞机上发的小食品收好，说日后回乡带给儿子吃。

■她将飞机上发的小食品收好，说日后回乡带给儿子吃。

第五章 >>

寻求政治家办报与独立思考的统一[1]

——《非典型肺炎病原是衣原体？》引起的几点思考

在这次中国新闻奖评选中，我的《非典型肺炎病原是衣原体？》（见2003年2月19日《南方日报》）获得了一等奖。这篇发表在第三版的简短消息，却获得如此殊荣，实在有点幸运。现在回过头看，有些东西值得好好总结和回味。

纷繁复杂的新闻事实与坚持独立思考

■关键是敢于独立思考，发出了自己的声音。

在去年关于抗击非典的报道中，佳作不少。《非典型肺炎病原是衣原体？》能脱颖而出，我觉得关键是敢于独立思考，发出了自己的声音。

它报道的是去年抗击非典斗争中一起非常著名的事件——围绕非典病原是否为衣原体而展开的争论。这起争论虽然重要，而且引人注目，但媒体反映的并不多。只有南方日报独树一帜进行了报道，这正是该稿的价值所在。

还是从头说起。非典最初突然袭来，人们极度恐慌，一个重要原因就是其病原始终没有弄清楚，致病原因没有找到。专家在夜以继日地寻找，人们在焦急不安中等待。这时，也就是去年2月18日下午，国家疾病预防控制中心（CDC）突然宣布非典的病原是衣原体，并由新华社发出通稿，当晚中央电视台新闻联播也进行了报道。

事情至此，似乎可以松一口气，毕竟非典元凶现形了。事实也是如此，第二天几乎全世界所有媒体都报道了这一“安抚人心”的“大好消息”。

但南方日报不一样。我看到新华社通稿后（在这里我要感谢我的两位同事，他们从不同途径得知消息后，第一时间通知后，为我

---

① 这篇论文发表于2004年11期《新闻战线》。

抓紧采访赢得了时间），第一感觉就是与广东专家讲的不一样。于是，打电话找几位专家，听听他们的意见。没想到他们个个都坚决反对，有的情绪还非常激动。他们认为，国家CDC仅凭两例尸检报告是不能完全证明在广东发生的非典都是由衣原体引起的，否则为什么在临床治疗中采取了抗衣原体的药都没有效果呢？而且从患者情况看，更像病毒性肺炎。接触他们列举了一堆理由。

我还了解到，省卫生厅当天下午就召集广东专家研究国家疾控中心的结论。专家们的意见可想而知，不过为了慎重起见，决定在今后的治疗中适当增加使用抗衣原体的药物。

一个问题摆在了我面前：是同“上面”保持一致，还是实事求是地报道广东专家的意见？我将了解到的情况向报社和部门领导汇报。报社最后确定，如实报道两方意见。《非典型肺炎病原是衣原体？》就这样写了出来。

■在矛盾面前无所作为

应该说，对北京和广东专家两方观点都了解的记者不只我一个，但为什么其他媒体都只是刊播新华社通稿了事呢？

我觉得，原因可能不外两个：一、发布非典病原是衣原体消息的主体是国家疾病预防控制中心，发布的媒体是新华社，都是权威机构，不需要也不应该怀疑，于是即便了解广东专家的意见，也不敢支持，甚至认为广东专家搞错了，所以在矛盾面前无所作为；二、片面理解“政治家办报”，认为讲政治就是无条件服从上级，所以即使认为广东专家是对的，也不敢或不愿支持，以免增加“杂音”，给政府“添乱”。

■认为讲政治就是无条件服从上级

于是，白白错过了这一重大新闻。

所幸的是，这一新闻线索没有在我手中夭折，而是由我转给了部门和报社领导，不致让报道推出的链条我在这一环断裂。能做到这样，我觉得关键是靠四个字：独立思考。

■不致让报道推出的链条我在这一环断裂

面对争论，我思前想后，绞尽脑汁。可以说在采写过程中每一个环节，我都面临抉择，内心都充满斗争。但有一点我很清楚，就是要独立思考。

我的想法是：

第一，这是一个重大新闻，作为一直关注并报道非典的记者，必须有所作为。这其实就是一个新闻敏感的问题。在当时，关于非典的报道，也许没有新闻价值比揪出非典元凶更大的了。因为人们最关注的就是这一点，甚至可以说是所有关于非典报道中最核心的新闻。基于这一点，我一直将非典病原现形列为头号报道目标。所以，虽然我是傍晚得知消息，还没有吃晚饭，但我立刻一个“鲤鱼打挺”跳起来，紧急投入采访，赶在当晚交稿次日见报。

第二，如实反映双方意见不仅不是“添乱”，而且还是“帮忙”。因为经过一段时间的关注和采访积累，我已初步认识到广东专家是对的。特别是广东专家的一句话让我震撼：如果按衣原体那一套来治疗，将会死很多人。所以，这已不是简单的学术之争或政治服从，而是人命关天的大事，必须实事求是。而在当时，广东专家需要舆论支持。这个时候，南方日报作为省委机关报，应该冷静分析形势，义不容辞的担起这一任务。事实上，正是因为广东省委、省政府尊重科学，相信专家，才使广东抗击非典创下了最低病死率和最高治愈率的佳绩。

■这已不是简单的学术之争或政治服从，而是人命关天的大事。

正是有了独立冷静的思考，我才敢于将广东专家的意见反映出来。

在这里，我想说明的是，虽然“衣原体消息”是由新华社发布的，但并不能由此责怪记者。当时，新华社并不了解广东专家的情况，所以尊重国家CDC的意见无可厚非，甚至可以说完全应该。这起争论，是学术争议，很难讲有关当事人谁对谁错。

坚持政治原则与政治家的眼光、智慧和勇气

■“记者敢写，报纸敢发”。

有人说，《非典型肺炎病原是衣原体？》得以推出，多亏“记者敢写，报纸敢发”。的确是这么回事。

对记者而言，采写只是新闻作品推出链条的第一个环节。等在后面的更关键，比如：发不发？发在什么位置？发多大规模？等等，都等着报社和部门领导来回答。如果他们稍有犹豫，结果恐怕就不一样了。

众所周知，在当时情况下，推出《非典型肺炎病原是衣原体？》有一定的风险。因为当时抗击非典的形势非常严峻，虽然大家都盼望早日揪出非典元凶，但如果冒然报道专家们意见不统一，不仅不能安抚人们对“神秘”非典的不安，还可能增添“杂音”，让老百姓更加不安。试想，如果连专家们意见都不一致，这非典还怎么抗击呢？

■政治勇气、眼光与智慧。

在这种情况下，全文照登新华社通稿是最安全最保险的做法。所以，我将了解到的广东专家的观点告诉报社领导，等于给他们出了一道题，来考他们的政治勇气、眼光与智慧。

庆幸的是，报社总编辑杨兴锋和部门主任陈广腾详细向记者询问有关情况后，郑重作出决定：如实反映两方意见。在他们看来，

这样做可能有短期的“负面影响”，但如果一边倒支持北京专家意见，负面影响可能更大（正如广东专家所言“会出人命”），而且如实反映两方意见的短期“负面影响”完全可以通过一些编辑手段减到最小。

于是，在推出报道时，我们非常客观，前半段报道国家CDC的结论，后半段报道广东专家意见。为了避免太刺眼，给人双方观点打架的印象，将稿子发在第三版。我们当时还想，也许其他媒体都会这么做。

■但第二天报纸出来，我吓了一跳。

但第二天报纸出来，我吓了一跳。几乎全世界所有的媒体都在报道新华社的“权威消息”，唯有我们例外。后来，同城某报还故意挑“刺”般推出一篇稿，与我们的报道针锋相对。

推出这一报道，南方日报承受要承受一定的压力。但受到了广东专家的称赞。他们说南方日报敢说真话，令人鼓舞。其实，这时候广东的专家也有很大压力，迫切需要有人为他们鼓气。事实证明，广东专家没有错。大约两个月后，世界卫生组织正式确认冠状病毒的一个变种是引起非典的病原。不久，人民日报详细披露了广东专家与国家疾控中心争论的经过。

现在回过头看，不得不为南方日报的办报眼光骄傲。首先信任自己的记者，然后敢于坚持真理，实事求是。做到这一点很不容易。这些年，南方日报提出“高度决定影响力”，努力探索在激烈竞争中将机关报做大做强的路子。高度怎么来？关键还是要政治家办报，不仅要坚持政治原则，还要有政治家的眼光、智慧与勇气。《非典型肺炎病原是衣原体？》没有胎死腹中，而是很有策略地发在第三版上，正是政治家办报的生动体现。

■很有策略地发在第三版上，正是政治家办报的生动体现。

现在有一种观点很片面，以为政治家办报就是盲目跟风，无条件服从。这表面看很讲原则，但其实恰恰相反，犯了“教条主义”、“本本主义”的错误。我们讲实事求是，一个重要方面就是尊重事实，尊重科学，对就对，错就错，不要含糊其辞，更不能文过饰非。

当然，我们也不能因此走极端，不讲策略和方法，“一棍子打死”，“六亲不认”。政治家办报是指既有“眼光”看出问题实质，又有“勇气”很“艺术”很“智慧”地报道真相。比如《非典型肺炎病原是衣原体？》，既敢于发表出来，同时又顾及当时实际，很策略地发表在第三版。

“偶然”获奖与“必然”准备

如果从《非典型肺炎病原是衣原体？》推广开来，寻找有没有什么普适性启示，我觉得可以从职业使命感方面入手。

记者一生会遇上很多报道题材，但碰上好的重大题材总是机会有限。同样面对为数不多的机会，有的记者能紧紧抓住，写出有生命力的佳作，而有的却没能做到。发生这种分野的原因，我觉得在于前者身上有某种职业记者的特质。

写到这儿，我的脑海里浮现了一个个令人感动的画面。在伊拉克的纷飞战火中，在俄罗斯人质事件的枪林弹雨中，我们见到一批批记者冒死前行。在南丹矿难中，我们见到一批记者面对金钱利诱和死亡威胁，丝毫不为所动，果敢揭出真相。在1994年辽宁锦州水灾中，电视记者杨晔以身殉职，我们见到他留给世界的最后一个动作，是手向前举着，保持扛摄像机的姿势……这些优秀记者，以其强烈的职业使命感，强烈地感染着广大同行。

在当前新闻界正在进行的“三项学习教育”活动中，我注意到“职业精神”被提了出来。这是我们以前心中常有但比较少提的一个词。

■职业记者与记者职业是两回事

职业记者与记者职业是两回事。选择记者职业的人，不一定愿意也不一能够成为职业记者。我们的职业记者坚持马克思主义新闻观，视职业使命为最高准则，愿意为此牺牲一切。有此前提，职业操守、敬业精神、专业技能等等方面的的问题全可迎刃而解。首先，有崇高的职业道德。第二，追求业务的不断超越，表现出一流的业务技能和难得的敬业精神。第三，对新闻的使命深深认同，遵循新闻规律，敢说真话，能讲实话，表现出强烈的社会和政治责任感。由此可见，职业记者是一个看似简单其实很难达到的境界。

■以强烈的职业使命感和枕戈待旦的战斗状态时刻准备着……

还是以非典为例。它无疑给中国人民造成了巨大灾难，广东尤为严重。但对新闻记者来讲，这却是一个可以大施拳脚的崭新战场。令人欣慰的是，一大批有强烈职业使命感的记者，毫不畏惧被感染的危险（有的还不幸被感染上），深入一线，进行大量积极有效的报道，成为抗击非典的一支重要方面军。我想，这大概是本次中国新闻奖评选中，广东关于非典的报道获奖较多的原因之一。

所谓沧海横流，大浪淘沙，只有职业记者才能显出英雄本色。

总之，获奖是偶然的，其背后总有大量的“必然”准备作铺垫。让我们以强烈的职业使命感和枕戈待旦的战斗状态时刻准备着……

广东省城市天气预报

南方日报

广东新闻

A3

关注"非典型肺炎"

非典型肺炎病原是衣原体？

广东专家对此持保留意见，认为病毒引起的可能性极大

北京专家认为病原可能是衣原体

广东专家认为病毒性肺炎可能性大

尸检排除炭疽鼠疫可能是病毒性肺炎

咳嗽几声不要疑神疑鬼

专家告诫警惕非典型肺炎过度诊断

全省开展药盐粮油价格检查

省人大代表质疑有关部门

洛溪大桥账目何时公开？

新闻追踪

地方法规与部门

非典型肺炎病原是衣原体？①

广东专家对此持保留意见，认为病毒引起的可能性极大

■广东的绝大多数专家对此持保留意见，他们认为是病毒性肺炎的可能性很大。

本报讯 昨天，新华社发布消息，称经中国疾病预防控制中心和广东省疾病预防控制中心的共同努力，引起广东省部分地区非典型肺炎的病原基本可确定为衣原体。但广东的绝大多数专家对此持保留意见，他们认为是病毒性肺炎的可能性很大。

北京专家认为病原可能是衣原体

为什么将本次非典型肺炎的病原基本确定为衣原体呢？新华社报道说，中国疾病预防控制中心病毒预防控制所报告，通过电镜观察发现两份死于本次肺炎病人的尸检肺标本上有典型的衣原体的包

① 发表于2003年2月19日《南方日报》。

含体，肺细胞浆内衣原体颗粒十分典型。

报道说，衣原体是一种在真核细胞内寄生的原核微生物。某些衣原体曾经被归为病毒，可通过呼吸道分泌物、气溶胶，直接与病人接触，以及与病禽或鸟类接触而传播，临床表现为肺炎和支气管炎。衣原体引起的肺炎采用针对性强的抗生素治疗非常有效，但必须是全程、足量的规范化治疗。同时对病人加强护理和休息，供给营养丰富、易于消化吸收的食物及充足水分。

报道称，该病是完全可以预防的。

广东专家认为病毒性肺炎可能性大

昨晚，记者采访了很多广东专家，他们认为本次非典型肺炎是病毒性肺炎的可能性极大，因而对病原是衣原体的结论持保留意见。理由大致如下：

■不能按衣原体的结论来制定治疗方案，否则可能造成可怕后果。

一、衣原体肺炎一般呈散发性，即零零星星地发生，所以流行的可能性不大，但这次广东局部地区发生的非典型肺炎有局部流行的特点；

二、衣原体肺炎死亡率不高，大概在0.1%—1%之间，而且发病也不凶险，比如发烧热度不会太高，这与本次发生的非典型肺炎不同；

三、衣原体肺炎属肺间质肺炎，肺泡隔会增宽，但这次非典型肺炎死亡病例尸检显示，肺泡隔变化不大；

四、在本次发生的非典型肺炎病例中找到了病毒包含体，这是诊断为病毒性肺炎的重要依据。

■虽然本次非典型肺炎属病毒性肺炎可能性极大，但到底是何种病毒引起尚难确定。

鉴于此，还有专家说，不能按衣原体的结论来制定治疗方案，否则可能造成可怕后果。他们表示会按既定预防治疗方案行事。专家们说，虽然本次非典型肺炎属病毒性肺炎可能性极大，但到底是何种病毒引起尚难确定。这需要多长时间很难说。因为病毒有很多种，很难分离。不过暂时找不到病原体不可怕，可以针对具体症状，对症治疗。

第六章 >>

机关报怎样才能增强报道的影响力[①]

——《南方日报》国产血透机系列报道的启示

■立意高远、挖掘深入、报道有章，是机关报增强报道影响力的有效途径。

最近，南方日报推出了一组国产血透机系列报道，取得显著的社会效益。此事例再次证明，立意高远、挖掘深入、报道有章，是机关报增强报道影响力的有效途径。

这组报道是今年（2004年）3月30日至4月22日推出的，讲的是广州暨华医疗器械公司花数年之功终于拿出了血透机，但因为是“国产”，非“原装进口”或“国际知名品牌”，一连三次在招标采购中被拒门外，国产血透机的市场销售几乎到了山穷水尽境地的事实。

报道推出后，产生强烈反响。新华网、人民网、搜狐、网易等大网站，以及中国医疗设备网、医药在线等专业网站先后转载，有的还开设专栏，让网友跟帖评论，热闹非凡。

更难得的是，国产血透机的销售也因此走出低谷，迎来否极泰来的转折，订单之多超多想象，今年可以“保二（200台）争三（300台）”，并且开始出口马来西亚等地。

立意：从政治责任感的高度出发经营重大题材

暨华公司在“山穷水尽”之际，四处投诉。省委常委、广州市委书记林树森就投诉作出批示：“如果国内过关的产品，为何一定要‘原装进口’？这是什么时候了？”

不久，暨华公司总经理云大信向《南方日报》投诉。总编辑杨兴锋认真研究了材料，认为这是一个好题材，更要好好经营。

题材再好，但也不能草率从事。有一个问题必须弄清：医院不买国产机，会不会因为其质量不过关呢？或者说，医院如此选择是不是真正为患者负责呢？

---

① 这篇论文发表于2004年第3期《岭南新闻探索》。

笔者毫不客气地提出问题。云大信说，国产机是在进口机的基础上研制出来的，“抄了近路”，至少有13项性能指标超过对手，并已获得了国家质量认证，还有专利证书。

一个基本判断形成了：就算国产机还有待提高，但毕竟质量已过关，完全可用；其价格便宜的好处（比进口机便宜一半）自然应该让经济并不宽裕的患者享受到，医院凭什么搞“一刀切”，让没钱的人也砸锅卖铁与有钱人一样去使用进口机？

若将这个题材放在我国已加入WTO、全球经济日趋一体化的背景下考察，更能看出其意义。经济全球化容易让人产生错觉，以为我们可以不要自己的工业，心甘情愿地成为世界消费大国和世界装配工厂，可以“换来”现代化。这种观念是非常危险的。在国产血透机身上，很典型地反映了这一问题。

■通过报道解决人们的“进口观”问题

我们应该通过报道解决人们的“进口观”问题：要让“本土制造”与“外国进口”同台竞技，既不盲目自大，又不妄自菲薄；既不搞进口崇拜，又不排斥他人。

《南方日报》正是从这一高度出发，以“政治家办报”原则为知道来经营这一题材，充分体现了省委机关报的政治责任感和忧患意识。

挖掘：报道视觉举一反三，事实细节翔实准确

■将报道立足点自始至终放在让“本土制造”与“外国进口”同台竞技这一点上，表现出泱泱大国的开放胸襟和直面挑战的强烈自信。

有了好的文章，接下来就要对材料进行深挖。

应该说，国产血透机的题材虽然让人热血澎湃，但弄不好会走极端，搞片面狭隘的民族主义。我们通过深挖题材，将报道立足点自始至终放在让“本土制造”与“外国进口”同台竞技这一点上，表现出泱泱大国的开放胸襟和直面挑战的强烈自信。

我们通过深挖题材，使报道视觉由此及彼，举一反三，对类似问题都进行扫描“透析”，增强说服力。比如，广州空军医院心胸外科主任阮鹏以他开展的心脏换瓣手术为例，提出医院要有患者意识。他今年已为13位贫困患者换国产瓣膜，这种瓣膜除了装在身上“滴答”声比较响外，与进口的差别不大，而价格几乎便宜了一半，所以深受欢迎。这雄辩地证明患者需要“本土制造”，医院不能漠视这一“低端市场”的存在。毕竟对于贫困患者来说，最要紧的是保命。医院不能以患者在乎“滴答”声为由，而想当然地“代”他们作主，统一使用进口瓣膜。再比如，报道还谈到国产汽车、国产彩电等等，旁征博引，鞭辟入里。

搞批评性的重大报道，有一点很考功夫，就是对事实细节的把握。如果稍有不准确，就会影响这个报道的战斗力，所以我们在经营这个报道时，对事实细节都反复进行核实。记者既采访了所以涉及招标采购的当事医院负责人，又采访了使用国产血透机的患者。这组报道推出后，尽管直接涉及医院的切身利益，但没有一家出来反对、挑刺或说报道不全面。为什么？我们想，还是因为报道是以理服人，态度诚恳，具有很强的针对性和建设性。

报道：通盘考虑，整体推进，有章法，有条理

有了好题材，更要善于组织策划，否则只会造成题材与素材的浪费。《南方日报》对这个题材的策划报道，有章法，有条理，整体推进，使题材用的每一部分全部派上用场，充分显示其蕴涵的意义。

■有了好题材，更要善于组织策划，否则只会造成题材与素材的浪费。

这个报道的思路非常明确，主要探讨三个问题：一、进口观；二、服务观；三、竞争观（营造“三公”市场环境）。

围绕这根主线，编辑部进行了精心策划。第一天发出精短消息和长篇通讯，讲清事情脉络，指出问题要害，同时，配发讨论导言。我们将讨论定名为“本土制造缘何水土不服”，琅琅上口，法人深思。

从第二天开始，报道转入讨论。我们不是被动地坐等读者来稿，而是注意主动介入，通过采访人大代表、大学生、患者、专家、学者，使讨论向纵深发展。与此同时，网上读者自发来稿也很踊跃。报纸的讨论有网上大讨论配合，两相呼应，蔚为大观。

最后，我们还约请了5位专家，从政治、经济、道德、法律等角度进行评论，在4月20日集中推出，使讨论锦上添花，更有力度。

总之，好题材可遇不可求，要在立意、挖掘、报道章法上多下工夫，才能增强报道的影响力。

附：广东新闻奖二等奖作品 >>

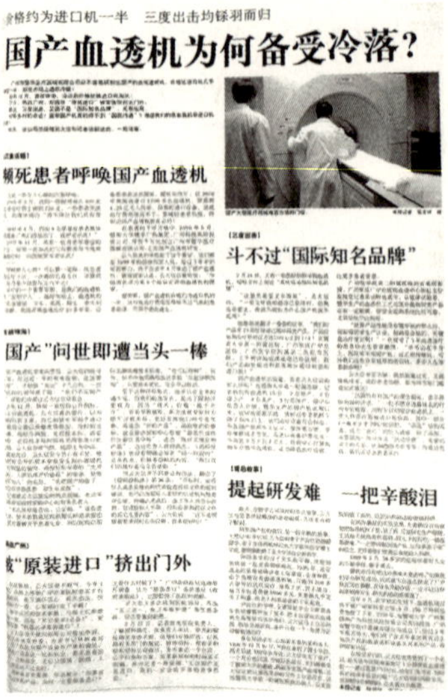

格约为进口机一半　三度出击均铩羽而归

国产血透机为何备受冷落？

濒死患者呼唤国产血透机

斗不过“国际知名品牌”

国产”问世即遭当头一棒

提起研发难　一把辛酸泪

“原装进口”挤出门外

价格约为进口机一半　三度出击均铩羽而归

国产血透机为何备受冷落？①

■何等多舛的命运！莫非国产机真的得不到“国民待遇”？难道我们的患者真的非进口机不用？

广州市暨华医疗器械有限公司好不容易研制出国产的血液透析机，价格比进口机几乎便宜一半，却在市场上遭尽冷眼！

去年12月，首战珠海，没谈到价格就被进口机淘汰；

不久，再战广州，却因非“原装进口”被某医院拒之门外；

最近，三度出击，又因不是“国际知名品牌”，无奈出局。

何等多舛的命运！莫非国产机真的得不到“国民待遇”？难道我们的患者真的非进口机不用？

① 发表于2004年3月30日《南方日报》，与陈枫、肖潘潘合作。

昨天，该公司总经理云大信和记者谈起这些，一脸沮丧。

【沉重话题】

濒死患者呼唤国产血透机

这是一串令人心碎的沉重呼唤：

2003年3月，沈阳一医院将每次400元的血透治疗费上调到720元，一些患者无法承受，向媒体痛诉："再不降价我们只有等死！"

2003年4月，西安9名尿毒症患者集体投书媒体："我们没钱治了，真想安乐死！"

2003年11月，成都一位身患尿毒症的大学生，得知一贫如洗的父母要卖房为他做血透治疗时，向医院哭求安乐死！

……

哭喊揪人心肺！可以算一笔账。按患者每周治疗3次，一次需四五百元计，不算药价，每月至少就要花五六千元！

其中的一个重要原因，是我们的血透机一直"受制于人"。国际市场上，血透机的生产都由德国、日本、美国、瑞士、意大利5国垄断。我国开展血透治疗20多年来，设备都来自这些国家。据有关统计，仅2002年我国就进口1700多台血透机，贸易额4.25亿元人民币。昂贵的进口设备，造成治疗费用居高不下。要减轻患者负担，研制出国产血透机势在必行！

在患者的千呼万唤中，2000年5月，暨南大学携手广药集团、广州科技风险投资公司，斥资千万元创立广州市暨华医疗器械有限公司，主攻国产血透机研发。

云大信夫妇承担起了这个重任。他们都是1998年的留德归国人员，经过3年半的艰苦努力，终于在去年4月拿出了国产血透机，获得国家认证。云大信自豪地说："中国因此成为第6个能自主研制血透机的国家。"

据测算，国产血透机价格约为进口机的一半，这对被治疗费用压得喘不过气来的患者来讲，无异于绝处逢生。

■这对被治疗费用压得喘不过气来的患者来讲，无异于绝处逢生。

【首战珠海】

"国产"问世即遭当头一棒

国产血透机艰难问世后，云大信四处寻找买家，经过近一年的艰难推销，连送带"试用"，才勉强"卖出"十几台机。一些三甲医院的领导很干脆："我们不买国产机！"市场的冷漠让云大信非常着急。

去年12月，珠海一家医院公开招标，购买2台血透机。云大信喜出望外，以为竞争的只有3家，自己的技术不弱于进口机，最后必能以价格优势胜出。没料到当头一棒，招标分两段，先投技术标，再看价格标，在投技术标时即被另两家进口机踢出局。云大信非常气愤，随即上书申诉。

■提起此役，云大信至今仍心有不甘。

提起此役，云大信至今仍心有不甘。他认为招标公开的技术参数完全照抄德国机器，有明显的偏向。而招标所采取的“先开技术标，入围后再开价格标”的做法，是借“技不如人”的名目，“先把国产的废了，让你空有价格优势，却无从发挥”。

记者就云大信提出的两点质疑，电话采访了珠海市政府采购中心的有关负责人。

“本次投标是合法、公正的，”该负责人认为，技术参数是医院根据实际需求提出的，医疗器械关乎患者生命，所以医院以国际名牌来做技术标准，“也可以理解”。另外，标书中也明确指出这参数“仅起说明作用”，只要技术更优，完全可以胜出。

至于这种评标形式，他承认在全省的确少见，但他们的出发点，是为了限制评委权力，因为“技术、价格一揽子总评”，容易导致腐败。新方法将专家权力限于评技术标，更好发挥他们的专业优势，筛选出“好的产品”；而刚性的价格标，就直接由招标中心根据“最低价或性价比最优者中标”，选出“既好又便宜的产品”。这位负责人特别指出，《招标投标法》也没有明确必须在“同一时间内”宣布技术、价格等指标的内容，“所以我们的操作是完全合法的。”

但云大信并不同意这种说法，翻出了《招标投标法》第36条：“开标时，由投标人或者其推选的代表检查投标文件的密封情况，也可以由招标人委托的公证机构检查并公证；经确认无误后，由工作人员当众拆封，宣读投标人名称、投标价格和投标文件的其他主要内容”。云大信说：“这不是明摆着要求同时公布价格、技术指标吗？”

【再战广州】

被“原装进口”挤出门外

■但买到标书一看，心里顿时凉了半截！

初战惨败，云大信很不服气。今年1月初，从网上得知广州市某医院要买7台血透机后，他又满怀信心，再次出击。但买到标书一看，心里顿时凉了半截！

标书公开的技术参数，与瑞士机参数完全一致。而在“其他要求(必备)”，更赫然写着“机器必须原装进口”！

云大信当天就向招标公司提出申诉，随后又给省委常委、市委书记林树森写信，说“医院对国产设备有严重的偏见，连跟进口设备比一比的机会，都不愿意给我们。这种观念，无论从国情、民情、人情上都是说不过去的。”

林树森非常重视，作出批示：“如果有国内过关的产品，为何一定要原装进口？这是什么时候了？”广州市财政局迅速展开调查，认为“原装进口”条款违反《政府采购法》，立即暂停了医院的招标。

■“如果有国内过关的产品，为何一定要原装进口？这是什么时候了？”

云大信又多次找到医院领导，开出“买三送一、免三年维护费”等优惠条件，但还是遭到拒绝。

2月27日，记者致电医院负责人，了解招标情况。该负责人承认，原先的招标确实考虑不周，但他们有错即改，已按照有关部门的规定，暂停招标。现在正积极和招标公司商讨，务求拿出一个合法、公平的招标方案，但重新招标的时间还不明确。他向记者一再强调，“无论国产还是进口，我们一定会给平等的竞争机会。”

【三度出击】

斗不过“国际知名品牌”

2月24日，又有一家医院招标采购血透机，招标文件上规定“系统须为国际知名品牌”。

“这显然是耍文字游戏”，云大信说，“ 看文件就知道自己是陪衬，但我还是要去，我就不明白为什么国产机就不能用？”

■“这显然是耍文字游戏”

他激动地翻开一叠叠的证书，“我们的产品有13项性能超过国际同类产品，产品价格和治疗费用仅为进口的1／2到1／3！在暨南大学第一附属医院、广州军区广州总医院、广州医学院附属第二医院等医院，上千例次的临床运用已经证明，我们产品的性能达到甚至部分超过新型的进口机！”

国产血透机的质量，真有云大信说的那么好吗？在暨南大学第一附属医院，记者看到有血透机15台，2台德产，2台瑞士产，8台美产，3台是国产。据中心负责人介绍，暨华生产的国产机试用以来，临床效果都不错，透析后患者肌酐下降了50%以上，说明治疗质量符合标准。而且国产机用中文显示，操作更方便。零件维修成本也低，而进口机维护费往往一年高达6万元到7万元。目前中心打算加购5台暨华血透机，适当降低治疗价格，让更多患者受惠。

广州医学院第二附属医院的古英明教授、广州军区广州总医院血透中心张虹主任在接受记者采访时也表示，从临床试验看，暨华生产的血透机工艺与国外最新同类产品还有一定距离，但安全监测系统比较可靠，尤其是性价比较好。

“就算产品性能没有暨华说的那么好，但取得国家生产认证，起码是合格的。关键是治疗便宜啊！”一位接受了3年血透治疗的患者杨先生非常激愤，“羊毛出在羊身上，医院用不用国产机，反正照样赚钱。可怜我们这些身家耗尽的老百姓，多少人在等着救命啊！”

云大信非常不解：既然质量过关，又能降低成本，减轻患者负担，那为何市场门槛竟如此难迈？

■这固然有对国产的观念偏见，也不排除利益的诱惑。

“这固然有对国产的观念偏见，也不排除利益的诱惑。”一位不愿意透露姓名的行内专家披露，问题不仅局限在血透机上，一些大件医疗器械进口报价高，其中一部分(一般不少于20%)做回扣，“返还”给购买者，成为“进口”的巨大诱惑。除了回扣，还要留出一部分作为“活动经费”，来密切双方的关系，比如出国考察等等。但是这些钱，最后还是由患者承担。

【背后故事】

提起研发难　一把辛酸泪

昨天，在暨华公司简朴的办公室里，云大信与笔者谈起黯淡的市场前景，几次差点掉下眼泪。

研发国产机的背后，是一段辛酸的故事。上世纪90年代初，云大信和妻子尹良红赴德国留学，妻子攻读西柏林自由大学临床医学博士学位，他则到柏林工业大学读社会教育学。

■异国求学的日子充实而平静，没想到很快被一起变故彻底搅乱。

异国求学的日子充实而平静，没想到很快被一起变故彻底搅乱。1996年，远在湖北的岳母被确诊患上尿毒症，全身肿胀。由于当地没有血液透析机，只能到200多公里外的武汉治疗，每周2次，苦不堪言。每月光血透费就5000多元。夫妻俩几乎花光了积蓄，但老人的病情依旧不见起色。

尹良红的导师、全德肾脏学会主席莫查尔教授慷慨伸出了援手，把3台退役的血透机全面维修后送给他们。云大信马上空运回国，捐给当地医院，条件只有一个：免费为岳母做血透治疗。

身在异国求学，心却紧系着病重的亲人。1998年12月10日，尹良红拿到了博士学位，两天后就飞回母亲身边。云大信变卖了家产，一个月后也回国。安顿好岳母后，夫妇俩接受了暨南大学的邀请，研制开发国产血透机。云大信还把从德国带回的另外3台退役机，送给暨南大学第一附属医院救治病人。后来医院购置了新机，就把旧机回送给他搞科研。

在阴冷潮湿的实验室里，夫妻俩没日没夜地把血透机拆了装，装了拆，反复研究生产原理。生活每天就绕着机器转，同儿子好好吃一顿饭都很难。“一定要研制出国产机，让母亲活下来”的信念，支持着他们废寝忘食地投入科研。

1999年5月，50多岁的岳母怀着对儿女的万般牵挂，撒手离去。

噩耗并没有把这对患难夫妻击垮。“如果我们早点研发成功，妈妈就不会这么快走了！”尹良红哭红着眼，在母亲灵前许诺，一定不让这样的悲剧再发生。

研发的迫切感更强了。

当年6月，在学校的支持下，血透机项目终于被广州市科委立项；9月，150万科研经费也拨了下来。2000年，由暨南大学、广药集团和广州科技风险投资公司共同投资，广州市暨华医疗器械有限公司成立了。经过3年半艰苦努力，他们终于在去年拿出具有自主知识产权的血液透析设备及其系列产品，得到国家认证。

在接受采访时，云大信突然接到了一个电话，是五邑中医院准备加订1台持续性血液透析——滤过装置！“好好好，给你们先用着，到时再补回成本价就行啦！”云大信顿时两眼发光，但那期待是惘惘的，还夹着点点酸楚。

■云大信顿时两眼发光，但那期待是惘惘的，还夹着点点酸楚。

第七章 >>

纾解良知与利益的紧张关系①

■骨髓捐献作为一个标志，让良知与利益的纠葛在此和平解决。

2007年，苏州的杭女士通过中华骨髓向台湾同胞捐献骨髓。媒体称，这是大陆骨髓首次捐向台湾同胞。而此前，捐献骨髓总是单向的——由台湾流向大陆。这一事件给人们带来感动，带来希望。骨髓捐献作为一个标志，让良知与利益的纠葛在此和平解决。

这让我想到推出《救命骨髓为何难以救命？》的沉痛。是的，它以一种沉痛为代价，试图纾解在市场经济条件下利益与良知的紧张关系。

报道批评中华骨髓库以广东省人民医院非其“定点”医院为由，拒不给该院配型成功的患者提供骨髓，并由此展开讨论。以“爱心”为重要使命的红十字会机构，为何恰恰干出与爱心相悖的事？深层原因可能是部门利益和官僚主义作怪，很可能源自几年前省医不愿出3000元宣传费给中华骨髓库有关。报道以省人民医院与中华骨髓库“恩恩怨怨”为线，深入追踪，直指体制之痛——打破对爱心捐髓的垄断，广泛联网，方便更多患者找到需要的骨髓。

这是我到省人民医院采访时通过闲聊捕捉到的独家题材，加上这几年积累了大量关于爱心捐髓的素材，马上意识到这是一个好题目，随即联系采访了省红十字会、中华骨髓库等多家单位，深入挖掘，越来越多的问题浮现在脑海里：骨髓库是不是应该由红十字会独家“垄断”？如果不以赢利为目的，少数具备条件的大医院可否建立骨髓库？骨髓库的赢利底线应该怎样划定？为什么经常先行一步的广东，筹建省级骨髓库的进程却落在全国后面？

■直指广东骨髓库建设缓慢的体制性尴尬

由此，一个个问题追下去，在案例引发读者对爱心捐髓难救命的思考、讨论的基础上，直指广东骨髓库建设缓慢的体制性尴尬，一气呵成，终于促成了问题的解决。

报道引起强烈反响，很多媒体均跟进报道，网友们发起热评。数月后，报道涉及的这名患者因为等不到合适骨髓而病逝，中华骨

---

① 这是2007年写的一篇内部业务总结。

髓库对此深表惋惜，并作出相应整改，不再只给“定点”医院提供骨髓。

■代价太大了，那是一个鲜活生命的逝去。

报道一波三折，令人慨叹。好在只给定点医院供髓的规定取消了，这也算是为广大血液病患者办的一件大好事。但是代价太大了，那是一个鲜活生命的逝去。

附：广东新闻奖二等奖作品 >>

■独家报道

躺在病床上的白血病患者千辛万苦找到了相合骨髓，
却因为所住医院不是骨髓库的“定点”单位，遭到拒绝，不能移植——

救命骨髓为何难以救命？

相合骨髓找到了，却不让用

“3000元宣传费”与“定点医院”的是非

病人还在病床上等待

相关报道

广东骨髓分库有望年内建成

躺在病床上的白血病患者千辛万苦找到了相合骨髓，却因为所住医院不是骨髓库的“定点”单位，遭到拒绝，不能移植——

救命骨髓为何难以救命？①

■躺在病床上的阿芳一脸苍白，憔悴的眼神透出对生命的无限眷恋。

躺在病床上的阿芳一脸苍白，憔悴的眼神透出对生命的无限眷恋。她也许不知道，在病房安详的背后，一场博弈正围绕着她的救命骨髓艰难进行。

相合骨髓找到了，却不让用

阿芳今年27岁，是粤西某医院的护士，去年10月检出患急性

① 发表于2005年6月24日《南方日报》，与陈枫、郝黎合作。

淋巴细胞白血病！正处在盛开花季的生命，一下子蔫了。从此，冷色的病房、无休止的治疗陪着她度过在广东省人民医院的每一个日夜。

■正处在盛开花季的生命，一下子蔫了。

“骨髓移植是目前最有希望的出路！”专家首先在家属中寻找相合骨髓，没有！在本院骨髓库的4000份样本中，也没有！没办法，大家四处出击，苦苦遍寻。不久，从北京的中华骨髓库传来喜讯，有一位志愿者的配型资料与阿芳基本相合。

今年4月26日，中华骨髓库发来通知，省医赶紧抽取阿芳的血样连同8000元检测费，送往北京作高分辨检测。

苦等一个多月后，5月31日，北京的高分辨检测报告出来了，所查的10个位点仅有一个不符，符合移植要求。所有人都备感振奋。

8天后，中华骨髓库发来2万元的交款通知，表示将安排供者体检和采集骨髓。

一切似乎都很顺利，大家都盼着早日做手术。从听说配型成功起，专家就充满希望，对阿芳进行了较为强烈的化疗，白细胞被大量杀死，最少时仅为正常人的1/500，免疫功能很差，这意味着病人随时都有被严重感染“击倒”的可能，体内等着“填充”新的骨髓造血，必须按计划移植。

就在所有人翘首等待时，一个消息如晴天霹雳——省医打电话跟中华骨髓库了解供者的情况时，接电话的工作人员说：“你们不是我们的定点移植医院，虽然配型成功了，也不能提供骨髓给你们做！”

“3000元宣传费”与“定点医院”的是非

怎么会这样？

大家都不敢相信自己的耳朵。“所谓的我们不是定点医院，可能与三年前的那个电话有关……”省医的一位医生仿佛在回忆中找到了某种端倪。三年前她接到一个电话，对方自称是中华骨髓库的工作人员，说骨髓库创立不久，知道省医骨髓移植工作开展得不错，只要交3000元到5000元的宣传费，就可以列为定点移植医院，并在报纸上给予宣传。

■大家都不敢相信自己的耳朵

她向医院领导汇报了这一情况。当时大家都觉得省人民医院作为正规的大医院，没必要做这样的宣传，就婉言谢绝了。“不给宣传费，就不是我们的定点医院了，以后别找我们。”这位医生至今还记得该男子在电话里说的这句话。

“如果当时他说明这是加入骨髓库的‘管理费’，并出示红头文件，别说三千五千，再多一点我们也愿意出，正正规规地加入！”省医原副院长、血液病专家林伟说。他还痛心地表示，就因为痛感相合骨髓难寻，所以1998年医院自筹资金建骨髓库，供者样本有4000多例。但三年前，国家理顺骨髓库管理体制，明确各地骨髓库由当地红十字会管理，省医的骨髓库顿时没名没份，一停就是三年。

林伟说:“我们迫切需要中华骨髓库的支持，我们也愿意加入该库的定点移植医院。只是当年的事情我们有些不清楚，也许打电话的人根本就不是中华骨髓库的，而恰好这几年我们也没有从中华骨髓库中找到需要的骨髓，所以对定点一事并不知情，也就放了下来。出现现在的问题，我们也有责任。”

记者随即致电中华骨髓库，核实有关情况。该库技术部有关负责人斩钉截铁:“我们绝没有以‘定点’为条件，向医院索取过任何宣传费！”

“只有成为定点医院，中华骨髓库才能供髓！我们是严格按章办事！”他说，按照从5月1日起实施的新规定，医院必须先向当地卫生行政部门申请，初审合格后到中华骨髓库备案，接着将在30天内组织专家进行严格审议。记者采访有关专家得知，先“定点”再拿骨髓的确符合国际惯例。

■“但人命关天，能否特事特办？”记者追问

“但人命关天，能否特事特办？”记者追问，“而且据了解，你们在去年6月和今年4月，也分别给了美国和香港患者供髓，由当地医院移植。他们也不是你们的定点医院啊？”

“那是今年5月1日之前的事啦！而且我们当时对移植医院的资质进行过详细的了解。从5月1日起，就不能再这样了！”该负责人称，“我们也很同情患者，但我们不了解他们的移植水平，不能随便供髓移植，我们要为患者和供者负责。当然，我们的所谓‘定点’只是一种行业内的协议关系，并不能禁止他们做移植手术，但在目前情况下，我们是不能随便提供骨髓的。”

“你们广州也有我们的定点医院，比如广州军区广州总医院就是，病人可以转到那边去做手术嘛。”他说，“你们还是叫省人民医院尽快申请吧，以前大陆经常到台湾、香港寻找骨髓，现在大陆的骨髓库容量越来越大，配型成功率也越来越高，早点加入对病人有好处。”

病人还在病床上等待

“好不容易找到了，难道就不能通融一次吗？毕竟大家都是为

了一个活生生的生命啊！”省医的一位年轻医生激动地说：“我们从1992年开始做骨髓移植手术，至今已做了70多例，无论是开展手术的时间还是例数，都排国内前列，我想没人敢说也没人会相信我们没资质做骨髓移植手术。”

中山大学一位老专家提出疑问：“不管过去有什么是是非非，我们都不能漠视生命。在病人等着救命的特殊情况下，能不能先提供骨髓，再办手续，需要补哪些，就补哪些？”

■不管过去有什么是是非非，我们都不能漠视生命。

鉴于病人目前不愿意转院，省医一方面赶紧补办手续，争取早日成为定点医院；同时另找出路，他寻骨髓。就在记者发稿前夕，香港方面传来消息，初步找到了合适供者，但进一步确认尚需时间和资金。

当我们走出阿芳的病房时，省医的专家有些着急地说：“病人目前的状况是骨髓移植的最佳时机，难道还要让她等下去吗？”

第八章 >>

在大事件中寻找标志性事件①

“齐二假药”事件造成的强烈后果和巨大伤害，将作为药品食品安全问题标本性事件，深深铭刻在人们关于2006年的记忆中，可以说此后出现的红心鸭蛋、福寿螺、多宝鱼等事件，都是“齐二假药”事件的延续，或者烘托。一提起食品药品安全，人们都会提及齐二假药。

■人们提起药品食品安全，就会自然想起齐二假药事件。

对于齐二假药事件的报道，所有媒体都各显神通，其中不乏影响巨大的独家报道和深度报道。比如，我们曾与省卫生厅合作，从事故处置小组负责人那里获得了大量的第一手资料，以独家报道的形式发布事件处置最新进展，相当权威。

但是，报道齐二假药事件这样的大事，如果不能发现并报道标志性事件，报道再多也要打折扣。苦苦寻觅，终于有了这篇《全国搜求肝肾　星夜移植救人》。报道讲的是一个抢救齐二假药受害者的感人故事。一个好好的人，因为齐二假药，不得不作肝肾联合移植，还必须全国搜求供体。报道强烈的感官刺激，将齐二假药对人们造成的伤害揭露得淋漓尽致。同时，也树立了党和政府以及医院积极处置齐二假药事件，将人民的生命安全坚决放在首位的良好形象。

这篇报道很生动，时效性强，被各大网站广泛转载，成为齐二假药事件的标志性报道。人们提起药品食品安全，就会自然想起齐二假药事件；说起齐二假药事件，又自然想到《全国搜求肝肾　星夜移植救人》。这正是报道的成功之处。

■大事件中发现报道标志性事件，是一个很好的操作手法。

大事件中发现报道标志性事件，是一个很好的操作手法。抗击非典中的非典病原之争，汶川地震中怀远四兄弟携带特种挖掘车辆赴川抢险，都是这样的报道。

① 这是2006年写的一篇内部业务总结。

附：广东新闻奖二等奖作品 >>

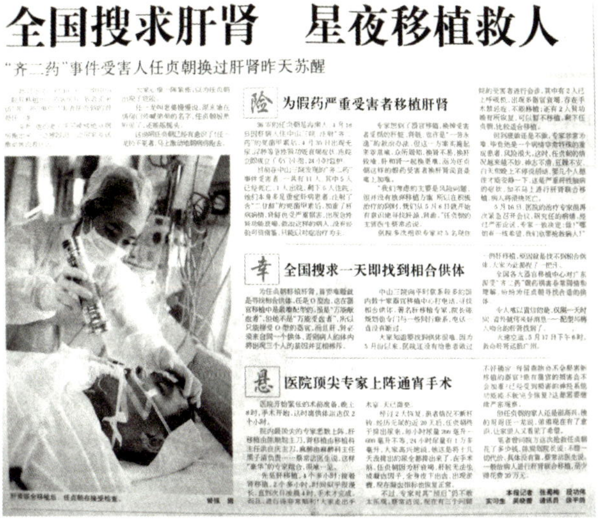

全国搜求肝肾　星夜移植救人

"齐二药"事件受害人任贞朝换过肝肾昨天苏醒

险　为假药严重受害者移植肝肾

幸　全国搜求一天即找到相合供体

悬　医院顶尖专家上阵通宵手术

全国搜求肝肾　星夜移植救人①

"齐二药"事件受害人任贞朝换过肝肾昨天苏醒

昨日下午5时10分，广州中山三院肝移植中心的病房外，笔者正采访"齐二药"事件受害者任贞朝的哥哥任一龙。

突然，他的妻子哭哭啼啼地从病房跑出来，一边擦眼泪一边用家乡话激动地说着什么。

大家心里一阵紧张，以为任贞朝出现了危险。

任一龙叫老婆慢慢说，原来她在病房门外喊弟弟的名字，任贞朝居然听见了，还能摇摇头。

这说明任贞朝已经有意识了！任一龙扔下笔者，马上激动地朝病房跑去。

■说明任贞朝已经有意识了！任一龙扔下笔者，马上激动地朝病房跑去。

① 发表于2006年5月20日《南方日报》，与张蜀梅等合作。

险

为假药严重受害者移植肝肾

36岁的任贞朝是海南人，4月18日因肝病入住中山三院，注射“齐二药”的亮菌甲素后，4月30日出现无尿、浮肿等急性肾功能衰竭症状。医院立即成立了专门小组，24小时监护。

目前在中山三院发现的“齐二药”事件受害者，一共有11人，其中5人已经死亡，1人出院，剩下5人住院。他们本身多是重症肝病患者，注射了含“二甘醇”的亮菌甲素后，加重了肝病病情，肾脏也受严重损害，出现急性肾功能衰竭。救治这样的病人，没有经验可资借鉴，只能以对症治疗为主。

专家想到了器官移植，换掉受害者受损的肝脏、肾脏，也许是“一劳永逸”的救治办法。但这一方案实施起来非常难。众所周知，换肾不易，换肝较难，肝和肾一起换更难，而为任贞朝这样的假药受害者换肝肾简直是难上加难。

“我们考虑的主要是风险问题，但并没有放弃移植方案，所以在积极治疗的同时，我们从5月8日就开始有意识地寻找肝源、肾源。”任贞朝的主管医生蔡常洁说。

■这时，任贞朝的情况越来越不妙，神志不清，狂躁不安，白天和晚上不停说胡话，要几个人摁住才能安静一下。

医院多次组织专家对5名现住院的受害者进行会诊，其中有2人已上呼吸机，出现多器官衰竭，存在手术禁忌症，不能移植；还有2人肾功能有所恢复，可以暂不移植。剩下任贞朝，比较适合移植。

但到底做还是不做，专家非常为难，毕竟他是一个病情非常特殊的重症患者，风险很大。这时，任贞朝的情况越来越不妙，神志不清，狂躁不安，白天和晚上不停说胡话，要几个人摁住才能安静一下。这是严重肝性脑病的症状，如不马上进行肝肾联合移植，病人将很快死亡。

5月16日，医院的治疗专家组再次紧急召开会议，研究任的病情。经过严密论证，专家一致决定：做！“哪怕有一线希望，我们也要抢救病人！”

幸

全国搜求一天即找到相合供体

为任贞朝移植肝肾，首要难题就是寻找相合供体。任是O型血，这在器官移植中是最难配型的。虽是“万能献血者”，但他不是“万能受血者”，所以只能接受O型的器官，而且肝、肾必须来自同一个供体，否则病人的体内将出现三个人的基因并互相排斥。

中山三院向平时联系较多的国内数十家器官移植中心打电话，

寻找相合供体。著名肝移植专家、院长陈规划也专门与一些同行联系，电话一直没有断过。

大家知道要找到供体很难，因为5月份以来，医院还没有给患者做过一例肝移植，原因就是找不到相合供体。大家为此都捏了一把汗。

全国各大器官移植中心对广东深受“齐二药”假药祸害非常同情和理解，纷纷为任贞朝寻找合适的供体。

令人难以置信的是，仅隔一天时间，省外就传来好消息——配型与病人吻合的肝肾找到了。

■仅隔一天时间，省外就传来好消息——配型与病人吻合的肝肾找到了。

火速空运。5月17日下午6时，救命肝肾运抵广州。

悬

医院顶尖专家上阵通宵手术

医院开始紧张的术前准备，晚上8时，手术开始。这时离供体运达仅2个小时。

■这时离供体运达仅2个小时

院内最顶尖的专家悉数上阵，肝移植由陈规划主刀，肾移植由移植科主任洪良庆主刀，麻醉由麻醉科主任黑子清负责……蔡常洁医生说，这样“豪华”的专家组合，很难一见。

先是肝移植，4个多小时；接着肾移植，2个多小时。时间似乎很漫长，直到次日凌晨4时，手术才完成。而且，进行得非常顺利！大家走出手术室，天已微亮。

经过2天恢复，患者情况不断好转。经历无尿的近20天后，任贞朝终于排出尿来。每小时尿量200毫升—600毫升不等，24小时尿量有1万多毫升。

大家高兴地说，他这是将十几天没排出的尿全都排出来了。在手术前，任贞朝因为肝衰竭，肝脏无法生成凝血因子，全身皮下出血，出现淤癍，现在凝血指标也恢复正常。

不过，专家对其“预后”仍不敢太乐观。蔡常洁说，现在有三个问题不好确定:残留毒物会不会损害新移植的器官？原有器官的损害会不会加重？已经受到损害的神经系统功能能不能完全恢复？这都需要继续严密观察。

但任贞朝的家人还是很高兴。他的哥哥任一龙说，弟弟现在有了意识，让家里人又看见了希望。

■但任贞朝的家人还是很高兴

笔者曾问院方这次抢救任贞朝花了多少钱，陈规划院长说:不惜一切代价，具体没有算。蔡常洁医生说，一般给病人进行肝肾联合移植，至少得花费30万元。

第九章 >>

冷峻梳理纷繁热点①

2007年3月我们在北京采访报道全国两会时，广东发生了医药代表聚众上书的事件。我们就以采访代表委员的形式作了回应。回到广东后，“药闹”事件还在继续。报社决定推出一组报道，剖析问题根源，寻找解决之道。这就有了“广东铁腕拧药‘水’系列报道”。

当时，广东在全国率先启动药品“阳光采购”改革，推行网上竞价限价采购、“两票制”配送，由于严重触动药商利益，所以发生45家药企联名上书抗议事件。

“阳光采购”改革是新鲜事物，成效有待探索，加上药商频频施压，导致当时省内外争议四起：怎么评价这场改革？这场改革还要不要继续？怎样在维稳的压力下妥善处理药闹事件？热点纷繁，莫衷一是。

■越是方向未明，越是考验记者功力的时候。

越是方向未明，越是考验记者功力的时候。曾听说一个故事，讲《泰晤士报》编辑部到处挂着一张照片，就是议员们手拿这份报纸，商量着要讨论的方案。据说，当时议员们为一个方案争持不下，最后有人提议，看看《泰晤士报》是怎么评论的。结果，议员们一看《泰晤士报》，就达成共识。这个故事让我对权威报纸的神话深信不疑，也因此对深度报道的追求充满热情。

在“药闹”事件面前，我们就要发挥《泰晤士报》那样的功能，让大家形成共识。于是，我们调动多年的积累，广泛采访专家、业界人士，以专业眼光，冷静透视“药闹”事件背后的利益纠结。三篇深度报道《“药闹”喊痛为哪般？》、《“两票制”动了谁的奶酪？》、《医药耗材之“水”何时拧？》，及时反映改革争议，分析利弊探索出路。

在深入剖析药价积弊的基础上，报道提出：这次改革，直捅药品流通环节过多之弊，直戳医药代表利益之痛。“药闹”风波正好说明这次改革真正抓住了要害，开对了药方，老百姓欢迎。当然，

① 这是为本书重写的新闻幕后。

对改革中存在的问题，也善意提出来讨论，比如“阳光采购”是不是搞“唯价格论”，怎样避免“劣药驱逐良药”的悲剧？院长会不会成为药厂“第二轮公关”的重灾区？

我们的报道确实起到预想的作用：给改革者以力量，给民众释疑惑。正因为如经，高层对这组报道非常关注，中纪委、卫生部在全国推广广东经验，20多个省市到粤取经。

应该说，这是一组典型的解释性报道（或曰分析性报道）。

当下中国的各项改革仍在存在着不确定性，因而难免争议与博弈，在这个喧嚣的历史进程中，我们需要冷峻的眼光与理性的声音，需要更多的解释性报道。

■在这个喧嚣的历史进程中，我们需要冷峻的眼光与理性的声音，需要更多的解释性报道。

附：广东新闻奖三等奖作品 >>

□广东铁腕拧药"水"系列报道（上）

在医药网上竞价过程中，医药代表集体抗议其财路被断——

"药闹"喊痛为哪般？

医药代表为什么最痛

"药闹"之后……

□相关新闻

5毫升注射液

报价相差253倍

在医药网上竞价过程中，医药代表集体抗议其财路被断——

"药闹"喊痛为哪般？①

广受关注的"广东省医疗机构药品网上竞价限价阳光采购""砍价"工作基本完成。记者昨天从专家组独家获悉：全省医院3万多种入围药品总体价格将被砍掉20%！

这一利好何时兑现？今天，采购工作领导小组将召开医院会议，部署下一阶段的医院采购工作。据悉，省直大医院将于下月开始采购，各市也随即开始。年内，广东老百姓就可以感受到拧掉20%水分后的实惠。

---

① 发表于2007年3月26日《南方日报》，与陈枫合作。

这个20%来之不易。且不说近年来国家连发狠招，连降药价22次，单说本月“砍价”如火如荼之际，就发生两次“药闹”风波，难度就足见一斑。

砍价“砍”出两场风波

药品采购的改革，一直在老百姓“买药贵、看病贵”的呼声中艰难探索。新世纪以来，我们大力推行“药品招标采购”，但越来越多的弊端，让大家感到它确实难以推行下去了。

▩这场改革绕过了药品流通环节，挤掉了以前在这中间部分产生的大量水分。

就在这一关键时刻，广东从去年开始借鉴四川、香港等地经验，广征民意，十易其稿，出台了“医疗机构药品网上限价竞价阳光采购”方案，随即启动改革。它以各药历史最低中标价为上限，由各药厂直接在网上三轮竞价，价低者入围。对于只有一两家药厂生产的药品，则由51名专家投票，或者直接与企业面对面谈判，实现降价。

这场改革绕过了药品流通环节，挤掉了以前在这中间部分产生的大量水分。它从去年下半年开始预热，利益攸关的药商一直在谨慎观望。

当改革本月进入到最关键的“砍价”阶段时，他们终于反弹了。

3月7日，第一轮“砍价”结果出来:1.3万多种普通药品经过药厂“自相残杀”，平均降价四成，一下子让他们惊呆了。

当日，广东45家药品生产企业自称“公车上书”，联名向省卫生厅、省食药监局写信，并向媒体大诉苦水:“砍得太狠了，我们没法活了”，“好药成本高，拼不过便宜货”！

▩在利益的重新切割面前，有的人是疑虑，有的人是喊痛，这正说明改革改到了要害，切实触动了一部分人的利益。

这起风波发生在全国“两会”期间，引起了高层的高度重视。

12天后，3月19日，40多名衣着光鲜的“医药界人士”拉着横幅，到省卫生厅“抗议”:政府压价太低，断了他们的财路。虽然他们打着药厂的旗号，但一核实，大多数人是医药代表。

回顾历次药品采购改革，虽然争议不断，但接连发生两起这样的风波，还不多见。在利益的重新切割面前，有的人是疑虑，有的人是喊痛，这正说明改革改到了要害，切实触动了一部分人的利益。

医药代表为什么最痛

有趣的是，两场风波主角不同，结果迥异。

3月7日的风波，其实缘于误解。第二天，省卫生厅就与药厂代表座谈，详细解释方案。原来，他们以为这1.3万种普通药降了40%，其他的独门好药也将依此降价，实在受不了。但事实是，这些药可以进入后面的专家投票定价和与专家面对面谈判定价两个环节，争取合理利润。至此，药厂如释重负，风波旋平。

第二场风波则意味深长，主角其实是医药代表，他们为什么打着“药厂”旗号来闹呢？

■最感痛楚的是搅泡沫的医药代表

多年参与药品招标的老专家点出“奥妙”:药价贵的主要原因，出在从药厂出来后的流通环节。一个出厂价10元的药品，经大大小小的批发商、医药代表一流通，一折腾，到医院时就飙升到八九十元。

而此前药品招标采购的最大弊端，就在于由药品经销商代理药厂竞标，漫天报价难以控制。这次改革，绕过经销商，直接与药厂谈价。对药厂来说，原来的利润与现在相比，并没有太多改变，改革拧掉的只是中间环节的水分。这次竞价环节拧掉40%的水分，药厂尚能接受，足见从前中间环节产生的泡沫多么恐怖！

所以，在这场改革中，最感痛楚的是搅泡沫的医药代表。

■从某种程度上讲，医药代表越喊痛，老百姓得到的实惠越多。

“往年医药代表这一行的利润空间可以用‘暴利’来形容，他们跑医院、送回扣，许多人一两年就可以买车买楼，实质上吃的都是患者的血汗钱。”多名医院药学专家表示，抓准了“中间环节”这个“病灶”下猛药，降价立竿见影，最符合老百姓的利益。

从某种程度上讲，医药代表越喊痛，老百姓得到的实惠越多。

“药闹”之后……

省卫生厅副厅长张寿生是本次改革领导小组的重要成员，从以前的药品招标采购到现在挂网采购，他一直是主要推动者。昨晚，记者采访他时，第一个问题就是:喊痛的人那么多，你有没有什么压力？

张寿生一笑:压力肯定有，但是压药价得民心，每一步改革都是集体慎重研究决策的。

记者问:这次改革的效果是否说明前几年的药品招标采购完全失败？

张寿生不同意这一看法。他说，既然是改革探索，就只能是逐步完善。药品招标采购在降低药价方面，还是起了积极作用的，而且对现在的挂网采购，提供了竞价的历史最低中标价这一重要参照线。

那么，拧掉药价水分的空间还有多大？

专家估计，目前只拧掉1/3，在给药厂留下合理的利润空间后，水分还要一步一步地挤掉。

我们乐于见到水分不断挤掉，医药代表的活动空间被不断压缩。但是，他们在医院活动的身影不会销匿。他们仍会通过各类促销，激励医生多开自己代理的药品，通过量的增加牟利，可能给患者造成新的负担。

令人的欣慰的是，这个问题已经引起了监管部门的重视。他们正在研究新的对策。

“药闹”不会消失。只要存在利益的纠葛与再分配，新的矛盾就会不断产生，但改革总会不断推进。

只要存在利益的纠葛与再分配，新的矛盾就会不断产生。

第十章 >>

且行且试　挺进深蓝

■哲学家一生的标志是他的著作，而他的著作中最激动人心的是他的思想。

我以前有一个无法释怀的获奖情结，总觉得只有获奖的作品才是好作品。这与大学时的经历有关。当时，我们有一位师兄在新华社某分社工作，写一篇稿获得全国短新闻一等奖。学校老师在我们面前讲了一次又一次，让我们都觉得了不起。

大学时还翻过《康德传》，作者阿尔森·古留加开宗明义：哲学家一生的标志是他的著作，而他的著作中最激动人心的是他的思想。我牢牢记住了这句话。作品，还是作品，多年以后，人们记住的不是你这个人，而是你的作品。

■一名优秀记者，应该不断冲破传统报道划定的边界，尝试各种新的可能

于是，在对“作品”不竭冲动中，我获了一些奖。但现在回过头看，获奖只是一方面。还有许多的好作品因为各种原因没有获奖，或没能获奖。一名优秀记者，应该不断冲破传统报道划定的边界，尝试各种新的可能，向着新闻的蓝海，向着新闻的深蓝，挺进。

■《向南，向南，向南》，抒发着新一代海军由岸防挺进近海挺进深蓝的雄心壮志。

2010年3月，我随报社总编辑王春芙到南海舰队采访，为我海军第五批赴索马里、亚丁湾护航编队送行。编队政委陈俨少将深情回忆起20多年前从舰队学院毕业的情景，当时一位同学写了一首诗《向南，向南，向南》，抒发着新一代海军由岸防挺进近海挺进深蓝①的雄心壮志。如今，他的“向南”梦正在变成现实。

我们从新闻红海的突围，也同样如此。这是一场需要勇气、汗水的艰苦战斗，包括报道方略的转型升级、大型报道的组织策划、单篇作品的创新超越、多品种融媒体业务生产的对接，等等。

循着这一思路，我推着自己且行且试。三集专题片《风起南方》就是这种努力的结果。

2009年10月23日，南方日报走过60年。这60年，是南方日报与共和国同呼吸、共命运的60年，是记录辉煌、推动发展的60年。我

① 国际上通常根据海水的颜色变化，把海军分为近岸防御的黄水海军、近海游弋的绿水海军和具有远洋作战能力的蓝水海军。海水颜色越深，代表一个国家海军的实力越强。

们应该以怎样的方式，更好纪念这光辉60年？

■我算是深深体会到传播革命给传媒人带来的挑战与快乐

报社交给我一个任务，拍一部纪念专题片。至于怎么拍、拍哪些，都没有明确。这是一道开放性考题。于是，我先任总撰稿，和几个同事一起用两个月查阅资料、撰写解说词。解说词出来后，又修改30多次，最后到了看到它就想吐的地步。接着，我又当起监制，深度参与选景、拍摄、剪片中来。如果这也是一种融媒的话，我算是深深体会到传播革命给传媒人带来的挑战与快乐。

风起南方[①]

2009年10月23日是南方日报创刊60周年的特别日子。作为唯一一份全程记录新中国广东发展的报纸，南方日报是最完整的广东日记，是新中国60年的简笔勾勒。这60年，是南方日报与党的事业、与广东的发展血肉相连的60年。为了隆重纪念这一特别日子，南方日报社组织拍摄了三集专题片《风起南方》，再现这份报纸的光辉60年，品评其成长的甘辛与风雨阴晴，进而触摸共和国特别是广东这片热土的血脉跳动与力量源泉。本文是专题片的解说词。

图为时任南方日报社副社长的杨奇在创刊日向报社员工讲话。

① 拍完片后，《南方日报》曾在2009年10月23日全文发表。徐林、陈枫、周志坤、雷辉等也参与撰稿。

第一集：年轮

公元2009，岁在己丑。

伟大的新中国走过60年。在举世惊叹的“中国故事”里，广东成为撬动强国富民伟业的一个重要支点。

这一切，都能在一份以“南方”命名的报纸上，找到历史车轮前进的轨迹和密码。

一切，始于1949年10月23日。

■60年21900期报纸，沉淀成一圈圈鲜活的广东年轮

1

60年前的一个拂晓，在南下解放军的隆隆炮声中，一份新生的报纸，从广州光复中路48号出发，迎着黎明走向新生广东的城乡。这就是先后作为中共华南分局和广东省委机关报的《南方日报》。

60年潮起潮落、云卷云舒。南方报人以笔为犁，深耕南方热土，虔诚记录着这里的阴晴与圆缺、新生与消逝、悲欣与变迁，60年21900期报纸，沉淀成一圈圈鲜活的广东年轮。当我们读到站起来的中国人为新中国激情歌唱，读到毛主席来到广州棠下，读到土法炼铁日产87万吨，读到承包鱼塘的陈志雄“胆从识来”……怎能不为历史的草稿已然定稿而感慨？

■怎能不为历史的草稿已然定稿而感慨？

采访：杨奇【南方日报创刊人之一、原总编辑】

但总的来讲，南方日报这个旗帜竖起来以后，就一直没有停过刊，只有别人并进南方日报来，没有南方日报（被）并出去。

在广州地区的三大报业集团中，《羊城晚报》是1957年南方日报社依照省委指示创办的；《广州日报》曾两度并入《南方日报》；新华社广东分社也曾与《南方日报》合并，成为南方日报采访部。

所以，南方日报是最完整的“广东日记”，是广东60年新闻史最权威的标本。在这里，我们看到历史长河，在珠江口向市场经济拐弯；看到新时期党的一次次思想解放和重大理论创新，总与广东的春天相逢相识。小平曾5度视察自己选定的这片试验田，因此与这位5次跟随拍摄的南方日报记者结下特别情谊。

■南方日报是最完整的“广东日记”，是广东60年新闻史最权威的标本。在这里，我们看到历史长河，在珠江口向市场经济拐弯

采访：梁伯权【南方日报原摄影部主任】

1984年，他们临走前，他（小平）的警卫张宝忠，我们都很熟

的嘛。好了，通通照完了，现在轮到老梁了。那我就上来跟他们两个人合影。一站起来，杨尚昆同志在后面（说）：“我也来！”

作为机关报，南方日报最核心的价值在于忠实记录历史，又在记录中推动发展。早在1950年，由叶剑英任第一书记的中共中央华南分局就作出决定，要求华南（包括广东、广西、海南）各级党委、政府充分利用南方日报作为自己了解情况、指导工作的有力助手。60年来，南方日报始终围绕中心，服务大局，创造性地进行宣传报道，为党和政府推进工作，分忧担责。

1977年底，发生了著名的“马贵公社事件”。该公社教师李大裕把南方日报鼓呼家庭联产承包政策的报道，贴到大街上。公社负责人很震怒，命令他立即撕掉。报社立即派出记者调查。

■这天的报纸送到马贵（公社）以后，当地的农民都很高兴，纷纷地烧起了鞭炮。

采访：李庆余【时任南方日报记者】

这天的报纸送到马贵（公社）以后，当地的农民都很高兴，纷纷地烧起了鞭炮。可以这样说吧，这个报道是党在推进农村改革的先声。在三中全会前后，我们南方日报的很多报道，农民都把它看成是“尚方宝剑”，收藏起来。如果有些干部阻挠他们去搞包产到户，农民就会拿出南方日报和这些干部去理论，说：“南方日报都这样说的，为什么你们不许我们做？”

“尚方宝剑”担起的，是群众的信赖。1979年春，广东省委召开地委、市委书记会议，有地委书记质问全力宣传新政策的南方日报，是不是在搞社会主义？报纸的方向有没有问题？在场的南方日报社社长丁希凌当场回击。后来，省委介入，指出南方日报没有错。

1994年，南方日报组织一帮骨干，走笔珠三角，提出《历史的定位：从小三角到大三角》，实际上已在思考10多年后上升为国家战略的珠三角发展战略。

2008年4月17日，南方日报牵线搭桥，26位曾在互联网上热议广东发展的网民走进珠岛，与广东省委书记、省长座谈，为广东解放思想、科学发展，建言献策。

■现在我想起来也觉得它是一个神来之笔，开启了执政党的决策层和网民面对面沟通交流的一个新形式。

采访：金心异【参与“珠岛拍砖”的著名网友】

“珠岛拍砖”民间把它叫做“汪网会”，当时是在国内引起一个非常大的反响，现在我想起来也觉得它是一个神来之笔，开启了执政党的决策层和网民面对面沟通交流的一个新形式，甚至我觉得在中国的网络民主和政治民主的进程中，它也是一个节点性事件。而在这个过程中，南方报业集团起到了一个幕后推手的作用。

2

“本报是中国共产党中央华南分局的机关报，也是华南人民意志的传达者。除了中国人民和华南人民的利益之外，我们没有别的利益。”

■穿越60年风雨，我们不得不感佩当日南方日报的历史洞见。

这是60年前，南方日报在发刊词《新的中国·新的广东》中的宣告。今天，面对科学发展的艰巨任务和金融危机的严峻考验，“新的中国、新的广东”依然是亟待破解的时代命题。穿越60年风雨，我们不得不感佩当日南方日报的历史洞见。

梁启超曾提出记者要具有“史家精神”。最初创办南方日报的，正是一群有史家精神的人。当时，广州一解放，我党在香港的报纸《华商报》工作人员，便义无反顾地返回祖国，与游击区新闻工作者及南下新闻干部会合，创办《南方日报》。这三支力量都是我党忠贞的新闻战士。从此，南方报人在自觉坚持“政治家办报”的同时，也有一份史家办报和文人办报的坚守与责任，坚持真理、秉笔直书。这已作为一种传统内化为南方报人的精神气质。所以，南方日报一创刊就出台一系列规定，加强批评报道，推动改进工作。她曾一天发4篇批评报道，忠实地向新政权“发出警报”。

1958年“大跃进”，浮夸成风。当时，韶关地委要求发一篇稿子，报道全区百亩水稻产量超万斤。时任南方日报社社长黄文俞很生气，说：“稿子送地委书记审，让他签字。他敢签，我就登！”黄文俞多年后，留下箴言：“可以有不说出来的真话，但是不可以说假话。”

■她曾一天发4篇批评报道，忠实地向新政权“发出警报”。

1960年，陶铸带着南方日报记者，下乡检查43天，写下《随行纪谈》，成为批评报道的经典。文革中，《随行纪谈》被诬蔑为“大毒草”，参与采写的南方日报记者也成为“陶铸的黑秀才”被批斗。1980年，南方日报推出《“三菱”万里旅行记》，揭露某领导全家开公车行程万里探亲旅游，被编入高校写作教材。

因为“南方风骨”，因为建设性开展舆论监督，批评报道成为南方日报的一大拳头产品。追问“上亿斤粮食去了哪里”，批评干部以权谋房，揭露水利局官职大批评发……笔锋所至，正气浩然。中共广东省纪委曾两次发来表扬信，对南方日报的努力表示感谢和鼓励。

■可以有不说出来的真话，但是不可以说假话。

2003年抗击非典战役最激烈时，一篇几百字的简短消息《非典型肺炎病原是衣原体？》，也考验了“南方风骨”。当时，新华社和中央电视台都报道国家疾病预防控制中心宣布找到了非典的病原，是衣原体。但是南方日报记者采访了广东专家，他们都反对这个结论。

时任报社总编辑杨兴锋经过慎重考虑，决定如实报道。当晚，他亲自到夜班安排版面。这天晚上南方报人作出的选择，发出了全世界媒体中发出的唯一不同的声音。它坚持真理，不唯上，不唯书，只唯实，极大鼓舞了广东专家，为战胜非典作出了重要贡献。后来，作品获得中国新闻报道的最高奖——中国新闻奖一等奖。

正因为从诞生那一刻起就与党的事业、与广东的发展血肉相连，南方日报被高度重视。毛泽东同志亲自题写报名。他还专门地题写了好几幅，以备挑选。邓小平同志、江泽民同志也分别为南方日报的40周年、45周年社庆题词祝贺。

历任广东主政者更是重视与呵护。创刊初期，南方日报经常就稿件问题，连夜请示叶剑英。陶铸多次为《南方日报》撰写稿件。改革开放以来，习仲勋、任仲夷、林若、谢非等历任省委书记都给予了南方日报亲切指导、巨大支持。林若还是从南方日报走出去的“报人书记”。

■“专家库、思想库、点子库”

中共中央政治局常委、广东省委原书记李长春，曾勉励南方日报做好省委的“专家库、思想库、点子库”。

中共中央政治局委员、国务院副总理、广东省委原书记张德江，鼓励南方日报当好“省委的旗帜”。

中共中央政治局委员、广东省委书记汪洋寄望南方日报进一步增强责任感、使命感，为广东在中华民族的伟大复兴中做出更大的贡献而努力。

第二集：凤舞

■凤之舞，激情地燃烧，虔诚地守望，在南方的热土上跳动了一个甲子。

广州大道，横贯广州南北，一条梦想的归途。

这条车水马龙的大道，　在289号大院，南方日报社徽——“南方之光”昂然矗立。它，如一束火炬熊熊燃烧，又像一只火凤凰围着太阳舞蹈。

凤之舞，激情地燃烧，虔诚地守望，在南方的热土上跳动了一个甲子。

1998 年抗洪期间，摄影记者何龙盛在现场喘息的经典瞬间。

1

60年前，在飞机的轰炸声中，南方日报艰难起步。抗美援朝同仇敌忾，南方报人纷纷请战，欲投笔从戎，以身报国。摞在总编辑案头的一份份请战书，书写着对祖国的忠贞与热爱。

从炮火连天的烽烟岁月，到洪水滔天、山河破碎的悲情时刻，充满家国深情的“凤之舞”从未停止。

于是，我们上路了，新闻在远方。你见到我们的时候，我们和新闻在纸上;你见不到我们的时候，我们和新闻在路上。

■你见到我们的时候，我们和新闻在纸上;你见不到我们的时候，我们和新闻在路上。

这是一张广为人知的照片。一提到记者，很多人都会想到它。沾满泥污的牛仔裤，粗筋暴凸、紧握相机的手臂似乎在说：“我是记者。”

照片抢拍于1998年的滔天洪水间。当时，分洪区的群众纷纷撤离，我们的记者却拼命地往里奔。南方日报记者何龙盛就是这时，疲惫地站在原地喘息，被同事王景春抓住了经典瞬间。

采访：王景春【南方都市报记者】

后来我们在休息的时候，才发现大家满身都是泥巴，像泥猴子一样。就看见何龙盛，我觉得他很有型，我就拍了他的下半身，那么就成就了“我是记者”这张照片。

2003年非典袭来，在与病毒的殊死搏斗中，南方日报记者不惧危险深入隔离病房，与病人面对面采访。厚厚的隔离服与口罩，很快就让人喘不过气来，一两个小时的采访下来，里面的衣服都湿透了，一拧都是水。

采访：张蜀梅【南方日报记者】

当时我和摄影记者严亮是去广医一院采访，严亮就说："如果要是我们被感染了，报社肯定会管我们的，哪怕是牺牲了，我们肯定也是烈士。"

那我也安慰他说："我们两个都是从外地来广州的人，父母都不在身边，回去隔离也很容易。"

2000年，南方日报摄影部的暗房工人梁文祥写下遗书， 在祖国南大门窗口——广州火车站，卧底30天，与毒贩和瘾君子住在一起，用镜头记录他们的痛苦与堕落。报道引来举国关注，火车站得到迅速整治。

■一批批南方报人在路断、桥塌、地陷中奋勇前行，奔向那天崩地裂的绝望与希望所在。

为了真切了解外来女工的文化生活，刚从北大毕业的女生郭珊化名进入东莞一家玩具厂，与外来女工们同吃同住同工作，写出体验式报道《外来女工小魏的业余生活》，闻者唏嘘。

赵佳月作为唯一一名女性随部队急行军赶赴震中映秀。

陈枫跟着医疗队徒步前行进入映秀。

杨曦在汶川地震中背着受伤的小康洁走出废墟。

2008年，汶川强震，震碎了天府河山，也震碎了中国人的心。一批批南方报人在路断、桥塌、地陷中奋勇前行，奔向那天崩地裂的绝望与希望所在。

这张照片也广为传播。当时地震已经两天了，震中映秀音讯全无。救援战士们步履维艰。这群大兵中的唯一女性，就是南方日报记者赵佳月。她已经跟随部队急行军一整天了。

在这场旷世灾难中，摄影记者杨曦既是记者，又是救援者。他背着受伤的小康洁，艰难地走出废墟……

记者陈枫，坐冲锋舟，拄着木棍，爬悬崖滑坡，露宿黑石滩，随着医疗队徒步前行、两进映秀，跟死神赛跑。

■即便在黑暗中，她和同事洪奕宜敲键盘的手也停不下来。

记者谢苗枫，从缅甸海啸灾区直接赶往四川震区，从一个惨剧，到另一个惨剧，即便在黑暗中，她和同事洪奕宜敲键盘的手也停不下来。

……

在看过南方日报记者的事迹后，中共中央政治局委员、省委书记汪洋深情写道：“向你们——新闻战士致敬！”

采访：王春芙【南方报业传媒集团总编辑、南方日报总编辑】

在国内，凡是有重大新闻发生的地方，都有南方报业记者的身影；就是在国际重大新闻的现场，也有南方报业记者的足迹。南方报业能够培养出像南方日报、南方周末、南方都市报、21世纪经济报道，这样的新闻品牌，具有较大的影响力，其一条根本的原因，就是我们拥有一批政治素质高、业务能力强、敬业爱业、朝气蓬勃的年轻记者队伍。

2

这个姑娘叫叶红妹，一个人在广州经营一个小饭馆。谁曾想，7年前她还因为严重的脊柱怪病，身体缩短17厘米。当年为了治病，她带上几十块钱从山区跑到广州。在大街上睡了几晚后，向南方日报求助。

南方日报不但给她捐款，还帮她联系医院治疗。关于叶红妹报道见报后，各界捐款11万元。小红妹得救了，将治疗剩下的6.6万元全部转捐出来，帮助像她一样亟需帮助的人。

这次，听说我们摄制组要采访她，她用20个晚上手绣一匹奔马。

采访：叶红妹

是一针一线地绣出来的，是我给你们准备的。我知道南方日报成立60周年。还有一张贺卡。希望南方日报永远是新闻界骏马。

强烈的社会责任感，让南方日报思考建立救助困难群众的长效机制。

2001年，南方日报携手团省委、省卫生厅等单位联合推出“健康直通车”——广东青年卫生医药志愿者扶贫接力行动。

阳山县有一个“短命村”，叫斜塘村，因为居住条件太差，很多村民不到40岁就病死了。“健康直通车”开到这里后，发起有关单位筹款40多万元，为村民易地建设新村。这一年的中秋，斜塘村民在新的村子里迎来了这辈子最圆最美的明月。他们激动地给省委、省政府写来感谢信。

时任广东省委书记的李长春同志非常高兴，作出批示，要求“全社会都来关心困难群众”。

健康直通车一开就是8年，送医送药，风雨无阻。不仅走遍南粤，还开进新疆西藏，帮助成百上千少数民族同胞治疗白内障，带来光明。

■“媒体公民”成为南方报业旗下媒体的文化共识和统一行动

旗舰南方日报的带头示范，使“媒体公民”成为南方报业旗下媒体的文化共识和统一行动：南方周末在云南怒江为小学生架起了“爱心桥”，南方都市报在8所高校设立“新闻奖学金”，21世纪经济报道实施“红粉笔乡村教育计划”……

汶川大地震，整个南方报业传媒集团捐出700多万元，并携手相关单位发起“南方爱心就业联盟”、“南方赈灾专项行动”、“南方寻亲行动”、“义捐药送灾区南方爱心行动”……

成熟的力量，是担当赐予南方报人的奖赏。南方报业传媒集团已经连续8年入选北大发起评选的“中国最受尊敬企业”。全国千所高校百万大学生评选就业首选企业，南方报业进入50强。

■成熟的力量，是担当赐予南方报人的奖赏。

媒体公民，胸怀天下。凤之舞，越舞越精彩。

第三集：领潮

地球变得越来越平。风起云涌的网络新兴媒体、都市类市场类日报，向传统党报发起凌厉的冲击，一波未平，一波又起。与此同时，境外资本开始抢滩中国市场。

■媒体公民，胸怀天下。凤之舞，越舞越精彩。

前有堵截，后有追兵，党报在市场上不断失利。有人说，党报不改革就是等死。

1

在此危急存亡之秋， 2002年夏天，南方日报以壮士断腕的勇气，踏上凤凰涅盘的征程，努力“办中国最好的党报”，开始了堪称有史以来最大的一次改革。

那些日子，南方日报大楼灯火彻夜长明，南方报人通宵达旦、殚精竭虑，他们是在谋划南方日报的未来，也是在寻找中国党报的突围之路。

■是从内容到形式的全新包装，是对党报办报理念的全新定位，是对现代报业制度建设和营销组织的全新实践。

这年8月6日，首次改版的南方日报焕然一新。报纸改为国际通行的黄金报型；内容上，突出时政、经济、文体三大板块，从新闻到专题层层深入，紧扣主流话题，力求更专业、更本土、更权威、更清晰。

报纸在广州的零售量比原来增加了3倍，且进入机场、酒店、会馆等高档场所，广告量比上年同期增加了40%。

南方日报大刀阔斧的改版，是从内容到形式的全新包装，是对党报办报理念的全新定位，是对现代报业制度建设和营销组织的全新实践，是名副其实的“党报再造”工程。

风起南方，迅速吹遍大江南北，众多党报借鉴南方日报“高度、权威、主流”的定位，重新确立了办报理念。越来越多的报纸都采用了与南方日报类似的瘦报报型。

■所有这些努力和探索，都指向一个新时期的历史诘问

中共中央政治局常委李长春，在南方日报改版的情况总结上亲笔批示，鼓励南方日报“再接再厉，与时俱进”。

2

2002年以后，南方日报几乎每年一改，不断调适现代报业的运作机制和办报理念。所有这些努力和探索，都指向一个新时期的历史诘问：究竟怎样才能在社会主义市场经济条件下办好党委机关报?究竟怎样才能提高新的传播环境下党报的舆论引导水平?究竟怎样才能做大做强传媒产业，增强国家文化软实力?

■面对南方报人的矢志求解，又一个问号令人寻思：为什么党报改革的大旗，由南方日报来扛起?

面对南方报人的矢志求解，又一个问号令人寻思：为什么党报改革的大旗，由南方日报来扛起?

也许只有回到起点，我们才能从其成长的血脉里，找见必然背后的内在逻辑。60年前，《南方日报》的主创人员既有游击区和南下新闻干部，还有香港《华商报》人员，所以这份光荣党报一出生就融合了引导舆论的责任意识和服务读者的市场意识。在60年，特

2006年第五次改版后推出“好不好，看了就知道！”推广活动，在广州各个售报点赠阅报纸。

2003年改版周年，发行人员向读者介绍报纸内容。

■在60年，特别是改革的激流岁月中，南方日报新闻理想和产业抱负比翼齐飞，沿着“创新、包容、担当、卓越”的路向攀登。

别是改革的激流岁月中，南方日报新闻理想和产业抱负比翼齐飞，沿着“创新、包容、担当、卓越”的路向攀登。

当年，南方日报一创刊，就设总经理和广告科，制定《广告刊登条例》。这年秋天，还杀回香港，设立香港营业处，开创了新中国党报在香港设立营业机构的先河。

采访：莫广智【时任南方日报广告科科长】

当时登广告的很多人，后来敌人的飞机来了，（后来）就放炸弹。一炸的时候，我们领导说：“不行了，马上将这时间改到下午上班。”当时一改下午，开门的时候，来登广告的人汹汹涌涌挤在门口。

30年前，改革开放带来新生。南方日报率先引进汉字电脑激光照排系统，彻底告别“铅与火”，迎来“电与光”。专业人士评价说：“技术上，南方日报领跑了一个时代。”国家新闻出版署称赞南方日报的技术改造走在全国省报的前列。

1999年是一个充满决断和悬念的年份，当这一年的新年钟声敲响时，南方日报走上了自办发行的征途。几年时间里，南方日报将全省近万个报刊亭及零售点联手完善发行网，并通过自己渠道打进北京、上海等主要大城市。

■南方报业的成功，其实是一种文化的成功，是一直在血液里流淌的，对杰出的本能追求，对创新的永恒冲动。

南方报业的成功，其实是一种文化的成功，是一直在血液里流淌的，对杰出的本能追求，对创新的永恒冲动。所以，在光辉60年里，她创下一个个“第一”：

第一家推出彩色版面；

第一家把省报的技术改革列为国家计划；

第一家成立省级党报报业集团；

第一家推行省报自办发行；

……

3

■循着多品牌发展的思路形成三大报系

1998年，中国首家省级报业集团以南方日报为依托而成立。此后几年，南方周末、南方都市报、21世纪经济报道迅速成长为各自报纸领域内的领导者，并循着多品牌发展的思路形成三大报系。

2005年，中国第一家报业传媒集团在南方报业成立。作为全国文化体制改革试点单位，南方报业率先创新治理架构，建立集团党委领导与法人治理结构相结合的领导体制，成立南方报业传媒集团公司及系列子公司，逐步形成以资产为纽带的治理结构，为中国传媒业实现国有资产授权经营探路。

在中国传媒版图上，南方报业不断出击。在北京，与光明日报合办《新京报》；在云南，重组控股《云南信息报》；在上海，与文广传媒集团合办电视新闻频道。

在培育出中国最出色的跨地域、跨媒体产业集群的同时，南方报业跨行业经营的战车已轰然起动。目前，占地近320亩的南方报业传媒产业基地、总投资4亿元的南方传媒大厦进展顺利。

南方报业跨地域、跨行业、跨媒体发展，已成瞩目的“南方现象”。

■南方报业跨地域、跨行业、跨媒体发展，已成瞩目的“南方现象”。

采访：杨兴锋【南方报业传媒集团党委书记、管委会主任，南方日报社长】

我们在理念上要注重市场调研，在视野上要坚持领潮性和前瞻性，在竞争策略上要坚持差异化，在整体战略上推行聚合战略，以此来汇聚改革人气，整合优势资源，将南方日报打造成透析现代传媒传播规律、具备全方位经营能力的新型党报和具有全介质传播能力的现代型媒体品牌。

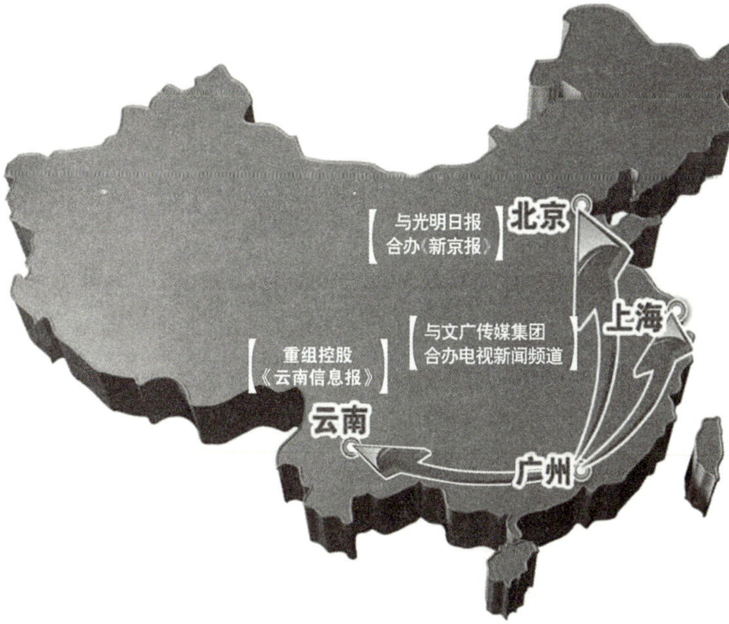

中国传媒版图上，南方报业不断出击。

60年前，千里奔驰而来的军列之后，诞生了新的广东，诞生了南方日报。60年后，她的发行量已连续24年居全国省级党委机关报之首，并由一家主流党报，发展成为拥有11报8刊3网和1家出版社的大型传媒集团。

■60年前，南方日报发刊词描画的理想，让我们一遍遍重温。

“新的中国，新的广东”——60年前，南方日报发刊词描画的理想，让我们一遍遍重温；

今天，南方的凤凰，点燃热血，向着“新的世界，新的南方”，向着下一个60年再出发！

跋

2008年以来，围绕时政报道的转型升级和组织策划，我进行了一些思考，和同事们一起开怀畅想，激情实践。

这本书就是这一段“行思”的结集。我要感谢南方日报和报社领导，为我们提供了一片职业行思的乐土，给我们关怀、鼓励和指导。

如果我说短亦长的新闻生涯可以分为两段的话，2008年以前主要是作为一名记者，追求更多的代表作。书中对这段“行走”的经历作了回顾和提炼，希望能襄益来者。

2008年后，我除了继续笔耕，更要和同事们团结战斗，打造一支政治报道的新闻铁军。我要感谢同事们，一起打赢一场场青春燃烧的新闻大战，一起挺过一次次辛劳繁复的挑灯夜战。他们给了我很多鼓励和支持，一起努力将美好的设想变成带着墨香的历史草稿。

在本书的写作过程中，同事徐林、陈枫、周志坤、雷辉、赵扬、曹斯等帮我做了不少的资料搜集和文字整理工作，再次感谢。对南方日报出版社的垂爱，深表谢意。